职业院校财经商贸类专业"十三五"规划教材

主审 费 蕾 李建红

会计电算化习题集

主　编　蒲　忠　高月玲
副主编　罗厚朝　钱永坤　陈以东
　　　　周丽萍　成玉祥
参　编　王惠惠　朱　琴　周　羽
　　　　李　彦　魏　涛

苏州大学出版社
Soochow University Press

图书在版编目(CIP)数据

会计电算化习题集 / 蒲忠,高月玲主编. —苏州：苏州大学出版社,2017.3
职业院校财经商贸类专业"十三五"规划教材
ISBN 978-7-5672-2058-4

Ⅰ.①会… Ⅱ.①蒲… ②高… Ⅲ.①会计电算化－高等职业教育－习题集 Ⅳ.①F232-44

中国版本图书馆CIP数据核字(2017)第026157号

会计电算化习题集
蒲　忠　高月玲　主编
责任编辑　施小占

苏州大学出版社出版发行
(地址：苏州市十梓街1号　邮编：215006)
常州市武进第三印刷有限公司印装
(地址：常州市武进区湟里镇村前街　邮编：213154)

开本 787 mm×1 092 mm　1/16　印张9.75　字数238千
2017年3月第1版　2017年3月第1次印刷
ISBN 978-7-5672-2058-4　定价：27.00元

苏州大学版图书若有印装错误,本社负责调换
苏州大学出版社营销部　电话：0512-65225020
苏州大学出版社网址　http://www.sudapress.com

职业院校财经商贸类专业"十三五"规划教材

编委会

主　任　张建初

编　委（排序不分先后）

陈以东	王登芳	高月玲	蒲　忠
李建红	费　蕾	张志明	沈进城
杭冬梅	周丽萍	王惠惠	陈明可
朱　琴	李　彦	罗厚朝	顾关胜
潘朝中	成玉祥	吴明军	邹小玲
李国松	李玉生	周　羽	魏　涛

职业院校财经商贸类专业"十三五"规划教材

参加编写学校名单（排序不分先后）

盐城生物工程高等职业技术学校

苏州旅游与财经高等职业技术学校

江苏省大丰中等专业学校

江苏省东台中等专业学校

江苏省吴中中等专业学校

苏州工业园区工业技术学校

江苏省张家港中等专业学校

江苏省相城中等专业学校

江苏省苏州丝绸中等专业学校

江苏省阜宁中等专业学校

盐城交通技师学院

盐城机电高等职业技术学校

前言

　　会计电算化课程是职业院校财经商贸类专业学生的一门必修专业课,本书为《会计电算化》教材的配套练习用书。

　　本书内容分为三个部分,教材配套练习、实务操作题和综合练习。突出以下特色:一、紧扣教学大纲,章节保持一致,方便学生前期学习;二、突出实务操作,按会计软件模块设计相关练习,有助于学生熟练掌握会计软件操作方法,形成专业技能。

　　本书可作为职业院校财经商贸类学生会计电算化专业课的学习参考书。

　　由于时间仓促,编者水平有限,书中不足之处在所难免,敬请同行专家和广大读者批评指正。

第一部分 教材配套练习

第一章 会计电算化概述 …………………………………………………………… (1)
第二章 会计电算化的工作环境 …………………………………………………… (9)
第三章 会计软件的应用 …………………………………………………………… (19)
第四章 电子表格软件在会计中的应用 …………………………………………… (34)

第二部分 实务操作题

项目一 初始设置 …………………………………………………………………… (39)
项目二 总账 ………………………………………………………………………… (43)
项目三 工资 ………………………………………………………………………… (47)
项目四 应收应付 …………………………………………………………………… (48)
项目五 固定资产 …………………………………………………………………… (51)
项目六 报表 ………………………………………………………………………… (54)

第三部分 综合练习

综合练习(一) ……………………………………………………………………… (57)
综合练习(二) ……………………………………………………………………… (62)
综合练习(三) ……………………………………………………………………… (67)
综合练习(四) ……………………………………………………………………… (73)
综合练习(五) ……………………………………………………………………… (78)
综合练习(六) ……………………………………………………………………… (83)

各部分参考答案与解析 …………………………………………………………… (88)

第一章　会计电算化概述

一、单选题

1. 会计电算化包括(　　)等方面的技术和方法。
   A. 会计　　　　　B. 电子计算机　　　C. 会计软件　　　D. ABC
2. 中国会计电算化一词的说法,最早出现在(　　)年。
   A. 1979　　　　　B. 1980　　　　　　C. 1981　　　　　D. 1992
3. 会计电算化软件的开发主要有(　　)等方式。
   A. 自主开发　　　B. 委托开发　　　　C. 合作开发　　　D. ABC
4. 会计电算化岗位不包括(　　)。
   A. 会计电算主管　B. 软件操作　　　　C. 工程预算　　　D. 审核记账
5. 会计电算化的作用有(　　)。
   A. 提高会计数据处理的时效性准确性
   B. 使会计管理由事后管理向事中控制,事前预测转变
   C. 推动会计技术和理论创新
   D. 以上三者都包括
6. 以下会计核算软件属专用会计核算软件的是(　　)。
   A. 用友 U8 财务软件　　　　　　　　B. 金碟 KIS 财务软件
   C. 智通企业财务软件　　　　　　　　D. 华为独立会计软件
7. 以下不属于通用会计核算软件特点的是(　　)。
   A. 通用性强　　　B. 专业性强　　　　C. 单位成本低　　D. 扩充性差
8. 会计核算软件必须具有相悖会计岗位控制能力,是指(　　)。
   A. 必须提供操作员登录功能　　　　　B. 必须提供操作员权限设置功能
   C. 必须提供不相容岗位的权限控制　　D. 必须具有防病毒功能
9. 下列有关会计信息化推广发展阶段的表述不正确的是(　　)。
   A. 实现了会计管理和会计工作的信息化
   B. 实现会计信息和业务信息的有效共享和利用
   C. 实现以会计核算系统为核心的信息集成化
   D. 实现会计信息化和业务信息一体化
10. 会计核算软件是通过(　　)以记账凭证为接口连接起来的。
    A. 工资核算系统　　　　　　　　　　B. 报表生成与汇总系统
    C. 账务处理系统　　　　　　　　　　D. 成本核算系统
11. 会计信息是按照一定的要求或需要对(　　)进行加工、计算、分类、汇总结果。
    A. 总账　　　　　B. 会计数据　　　　C. 明细账　　　　D. 数据

12. 构建会计信息系统的初中级阶段,处于会计信息化发展过程中的阶段是(　　)。
    A. 探索起步阶段   B. 推广发展阶段
    C. 渗透融合阶段   D. 集成管理阶段
13. 商业企业主要从事商品的销售活动,因而在(　　)方面的工作量较大。
    A. 固定资产   B. 存货   C. 工资   D. 进销存
14. 在电算化系统的应用中,硬件工作方式的选择依据是(　　)。
    A. 实际情况和财力状况   B. 会计信息量
    C. 上级要求   D. 企业规模
15. 电算化会计信息系统可划分为三个层次,其中第一个层次是(　　)。
    A. 会计管理系统   B. ERP
    C. 会计核算系统   D. 会计决策系统
16. 下列关于会计电算化的重要作用的说法不正确的是(　　)。
    A. 降低成本,减少库存
    B. 提高会计核算的水平和质量,减轻会计人员的劳动强度
    C. 提高经营管理水平,为管理信息化打下基础
    D. 推动会计技术、方法、理论创新和观念更新
17. 引入会计专业判断的渗透融合阶段是我国会计电算化的(　　)。
    A. 高级阶段   B. 正式起步阶段
    C. 初级阶段   D. 丰富发展阶段
18. 我国会计核算软件起步于(　　)。
    A. 20世纪90年代   B. 20世纪70年代
    C. 20世纪80年代   D. 21世纪初
19. 我国使用最早和使用最广泛的会计核算子系统是(　　)。
    A. 账务子系统   B. 工资核算子系统
    C. 成本子系统   D. 固定资产核算子系统
20. 启用商品化会计核算软件的审批工作,是在(　　)时期。
    A. 探索起步   B. 推广发展   C. 渗透融合   D. 集成管理
21. 商品化会计核算软件与定点开发会计软件的最大区别在于(　　)。
    A. 是否准确   B. 是否通用
    C. 是否迅速   D. 是否安全
22. 将会计软件划分为通用会计软件和专用会计软件的依据是(　　)。
    A. 按照会计信息系统的服务层次   B. 按照会计软件不同的适用范围
    C. 按会计信息的共享功能   D. 以上都不是
23. 通用会计核算软件比专业会计核算软件(　　)。
    A. 通用性强,开发水平高   B. 维护量小,购置成本高
    C. 成本高,开发水平高   D. 通用性差,维护量大
24. ERP是(　　)的简称。
    A. 管理信息系统   B. 制造资源规划
    C. 企业资源计划   D. 专家系统

25. 会计软件的通用性是指（　　）。
    A. 能适应一个单位不同时期会计工作的需求
    B. 满足不同单位会计工作的不同要求
    C. 适应不同行业、不同记账方法的企事业或行政单位的核算需求
    D. 只能满足一个行业会计工作的需求

26. 下列有关实现会计电算化的意义，不正确的是（　　）。
    A. 会计电算化后，经济业务都由计算机来完成
    B. 减轻了劳动强度，提高了工作效率
    C. 推动企业管理现代化
    D. 全面、及时、准确地提供会计信息

27. 狭义地说，会计电算化是指（　　）。
    A. 电子计算机技术在会计工作中的应用
    B. 会计软件的开发
    C. 会计电算化人才的培训
    D. 会计电算化制度建设

28. 计算机进行会计业务处理与手工会计业务处理的方法和流程（　　）。
    A. 完全相同   B. 完全不相同
    C. 不完全相同   D. 都不对

29. 实现会计电算化后，提高了工作效率，财会人员可以有更多的时间和精力来（　　）。
    A. 对账、查账   B. 打印账簿
    C. 进行财务分析，参与经营管理   D. 学习微机操作

30. 为了体现通用的特点，通用会计核算软件一般都设置（　　）模块。
    A. 初始化   B. 账务处理
    C. 工资   D. 报表

31. 会计电算化的作用主要是（　　）。
    A. 发展计算机技术   B. 提高经营管理水平
    C. 增加会计人员就业   D. 提高会计人员工资

32. 会计核算软件的核心是（　　）。
    A. 报表系统   B. 采购系统
    C. 账务处理系统   D. 成本核算系统

33. 商品化会计软件的缺点是（　　）。
    A. 成本高   B. 见效慢
    C. 维护没有保障   D. 有些功能不能满足企业的需要

34. 商品化会计核算软件开发经销单位在售出软件后应承担售后服务工作，在下列工作中，（　　）不是软件开发销售商必须提供的。
    A. 对用户进行软件使用前的培训   B. 对用户的软件进行维护
    C. 对用户的硬件进行维护   D. 对用户的软件版本进行更新

35. 下列不属于会计电算化的内容是( )。
    A. 商品化会计核算软件的开发与应用
    B. 建立会计电算化系统
    C. 层层核对,保证账账相符、账实相符
    D. 会计电算化人才的培养
36. ERP会计核算软件中财务处理系统与工资、存货、固定资产、成本等核算系统一般是通过( )为接口连接在一起。
    A. 数据库　　　B. 网络　　　C. 程序　　　D. 机制记账凭证
37. 会计数据和信息的检索是为了( )所需要用的数据和信息。
    A. 查找　　　B. 传送　　　C. 汇总　　　D. 收集
38. 下列不属于会计核算软件功能模块的有( )。
    A. 财务分析系统　　　　　　B. 电子商务系统
    C. 存货核算系统　　　　　　D. 成本核算系统
39. 财政部制定的《会计核算软件基本功能规范》是对会计软件的( )要求。
    A. 最高　　　B. 较高　　　C. 最低　　　D. 较低
40. 会计电算化的目标是实现会计工作的现代化,不包括( )的计算机应用。
    A. 财务会计　　　B. 管理会计　　　C. 财务管理　　　D. 物料管理
41. 下列有关会计核算软件的叙述不正确的是( )。
    A. 会计软件以会计理论和会计方法为核心,以会计制度为依据
    B. 会计软件以计算机技术为基础,以会计数据为处理对象
    C. 会计软件以提供会计信息为目标
    D. 会计软件以管理和控制计算机系统资源的运行为任务
42. ( )是会计电算化的最高阶段。
    A. 会计核算电算化　　　　　　B. 会计决策电算化
    C. 会计管理电算化　　　　　　D. 会计预测电算化
43. 会计电算化后,下列说法不正确的是( )。
    A. 会计人员没有什么任务了,工作都由计算机来完成
    B. 减轻了劳动强度
    C. 推进了会计管理制度的改革
    D. 会计人员可参与更多的管理工作
44. 信息孤岛现象最突出的阶段是( )。
    A. 探索起步阶段　　　　　　B. 推广发展阶段
    C. 渗透融合阶段　　　　　　D. 集成管理阶段
45. 会计电算化的发展趋势要求会计电算化与企业内部控制相结合,运用计算机实现内部控制的要求,最终建立( )系统的集成管理模式。
    A. ERP　　　B. 会计分析　　　C. 会计决策　　　D. CRM
46. 一般中小企业实施会计电算化的合理做法是( )。
    A. 购买商品化会计软件　　　　B. 本单位定点开发软件
    C. 使用国外会计软件　　　　　D. 从其他企业复制取得会计软件

47. 下列关于会计信息化的规范错误的是( )。
   A. 企业应当充分重视会计信息化工作,加强组织领导和人才培养,不断推进会计信息化在本企业的应用
   B. 大型企业、企业集团开展会计信息化工作,应当注重整体规划,统一技术标准、编码规则和系统参数,实现各系统的有机整合,消除信息孤岛
   C. 企业通过委托外部单位开发、购买等方式配备会计软件,应当在有关合同中约定操作培训、软件升级、故障解决等服务事项
   D. 企业进行会计信息化系统前段系统的建设和改造不需要负责会计信息化工作的专门机构或者岗位参与

48. 会计软件和服务的规范中,关于供应商的规定不正确的是( )。
   A. 软件供应商应当努力提高会计软件相关服务质量,按照合同约定及时解决用户使用中的故障问题
   B. 鼓励软件供应商采用呼叫中心、在线客服等方式提供实时技术支持
   C. 软件供应商应当努力提高会计软件相关服务质量,及时解决用户使用中的计算机故障问题
   D. 软件供应商应当就如何通过会计软件开展会计监督工作,提供专门教程和相关资料

49. 主要是对企业的项目进行核算、控制与管理的是( )。
   A. 预算管理模块　　　　　　　　B. 项目管理模块
   C. 报表管理模块　　　　　　　　D. 成本管理模块

50. ( )生成的存货入库、存货估价入账等业务的记账凭证,并传递到账务处理模块。
   A. 存货核算模块　　　　　　　　B. 成本核算模块
   C. 账务处理模块　　　　　　　　D. 工资管理模块

51. 下列不属于定制开发的是( )。
   A. 购买与开发相结合　　　　　　B. 自行开发
   C. 委托外部单位开发　　　　　　D. 企业与外部单位联合开发

52. 委托外部单位开发会计软件的优点是( )。
   A. 企业投入少、见效快
   B. 开发的会计软件性能稳定、质量可靠、运行效率高,能够满足企业的大部分需求
   C. 软件不易被恶意修改,安全性高
   D. 软件的针对性较强,降低了用户的使用难度

53. 在会计电算化下,应由会计人员完成的工作是( )。
   A. 填制、审核电子会计凭证　　　B. 会计数据的分类
   C. 会计数据的汇总　　　　　　　D. 会计数据的传递

54. 下列关于 XBRL 的应用正确的是( )。
   A. 能够提供更为精确的财务报告与更具可信度和相关性的信息
   B. 能够提高数据采集成本,提高数据流转及交换效率
   C. 能够增加资料在未来的不可读性与可维护性

D. 不能适应变化的会计准则制度的要求

55. （　　），财政部在《关于全面推进我国会计信息化工作的指导意见》中将 XBRL 纳入会计信息化的标准。

　　A. 2008年11月　　B. 2009年4月　　C. 2010年10月　　D. 2005年4月

56. 企业利用计算机、网络通信等现代信息技术手段开展会计核算，以及利用上述技术手段将会计核算与其他经营管理活动有机结合的过程，以上描述的是（　　）。

　　A. 会计电算化　　B. 会计信息化　　C. XBRL　　D. 会计软件

二、多选题

1. 按照会计电算化的服务层次和提供信息的深度，主要分为（　　）几个电算化阶段。

　　A. 会计核算　　B. 会计管理　　C. 会计决策　　D. 会计分析

2. 我国会计电算化宏观管理的基本任务是（　　）。

　　A. 制定会计电算化发展规划并组织实施
　　B. 加强会计软件电算化管理制度的建设
　　C. 组织和管理电算化人才培训工作
　　D. 建立电算化岗位责任制

3. 选择商品化会计核算软件时应考虑的问题包括（　　）。

　　A. 软件是否适应本单位的需求　　B. 是否有同类企业已成功使用该软件
　　C. 软件对环境的要求　　D. 商家的信誉和售后服务

4. 会计电算化工作的管理包括（　　）。

　　A. 会计核算管理　　B. 宏观管理　　C. 微观管理　　D. 系统管理

5. 下列属于手工会计与电算化会计的差异的有（　　）。

　　A. 运算工具不同　　B. 簿记规则不同
　　C. 账务处理程序不同　　D. 会计人员岗位分工不同

6. 从计算机数据管理技术的发展来看，会计核算软件经历的阶段有（　　）。

　　A. 人工管理　　B. 手工核算
　　C. 文件管理系统　　D. 数据库系统

7. 手工会计下账务处理形式的缺陷是（　　）。

　　A. 数据大量重复　　B. 信息提供不及时
　　C. 准确性差　　D. 工作强度大

8. 会计电算化的意义有（　　）。

　　A. 提高会计工作效率　　B. 提高会计人员素质
　　C. 推动企业管理现代化　　D. 促进工作职能的转变

9. 会计电算化使会计人员从原来重复抄写、计算繁琐的工作中解脱出来，把主要精力和工作重点转向加强会计（　　）方面，更好地发挥了会计人员应有的作用。

　　A. 管理　　B. 预测　　C. 决策　　D. 控制功能

10. 会计电算化在（　　）等方面与手工会计核算存在很大差别。

　　A. 信息载体　　B. 运算工具
　　C. 簿记规则　　D. 账务处理程序

11. 商品化会计软件是指销售公司统一设计、开发，并作为软件商品在市场销售的会计软件。商品化会计软件一般具有( )特点。

　　A. 通用性　　　　B. 合法性　　　　C. 安全性　　　　D. 成本高

12. 下列属于手工会计信息系统与电算化会计信息系统共同点的有( )。

　　A. 系统目标一致

　　B. 遵循的会计法规、会计准则和会计制度一致

　　C. 信息系统的基本功能一致

　　D. 保存会计档案一致

13. 按使用范围,财务软件可分为( )。

　　A. 通用财务软件　　　　　　　　B. 专用财务软件

　　C. 商品化财务软件　　　　　　　D. 自行开发财务软件

14. 广义的会计电算化是指与实现会计工作电算化有关的所有工作,包括( )。

　　A. 会计电算化软件的开发和应用

　　B. 会计电算化人才的培训

　　C. 会计电算化的宏观规划、市场的培育与发展

　　D. 会计电算化的制度建设

15. 下列( )属于会计核算软件。

　　A. 工资管理软件　　　　　　　　B. 账务处理软件

　　C. 固定资产管理软件　　　　　　D. 辅助制造软件

16. 下列关于可扩展业务报告语言(XBRL)的说法正确的有( )。

　　A. 主要作用在于将财务和商业数据电子化,促进了财务和商业信息的显示、分析和传递

　　B. 通过定义统一的数据格式标准,规定了企业报告信息的表达方法

　　C. 提供更为精确的财务报告与更具可信度和相关性的信息

　　D. 降低数据采集成本,提高数据流转及交换效率

17. 下列属于企业配备软件应考虑的因素有( )。

　　A. 软件功能　　　　　　　　　　B. 安全性

　　C. 稳定性　　　　　　　　　　　D. 响应速度

18. 企业采用购买通用会计软件方式购买软件,相应可以得到( )服务。

　　A. 软件的维护　　　　　　　　　B. 软件的升级

　　C. 人员培训　　　　　　　　　　D. 硬件的维护

19. 会计电算化方式下,与会计工作相关的内部控制形式可以是( )。

　　A. 人工与计算机相结合　　　　　B. 无需人工控制

　　C. 控制措施融入会计信息系统　　D. 控制范围更加广泛

20. 会计电算化的重要作用体现在( )。

　　A. 提高会计数据处理的时效性和准确性,提高会计核算的水平和质量,减轻会计人员的劳动强度。

　　B. 会计电算化已经成为一门融会计学、计算机科学、信息科学和管理科学为一体的边缘学科

　　C. 推动会计技术、方法、理论创新和观念更新,促进会计工作进一步发展

D. 提高经营管理水平；使财务会计管理由事后管理向事先预测、事中控制转变，为管理信息化打下基础

三、判断题

1. ERP 软件中用于处理会计核算数据部分的模块也属于会计核算软件。（   ）
2. 会计核算软件的基本内涵与手工会计核算不一致。（   ）
3. 会计核算软件按适用范围分为通用会计核算软件和专用会计核算软件。（   ）
4. 按会计软件功能分类，可将会计核算软件分为单一核算型、管理型、决策型等。（   ）
5. 按应用单位层次分类，可将会计核算软件分为部门级、企业级、集团级等。（   ）
6. 商品化软件属于专用会计核算软件。（   ）
7. 会计电算化是会计信息化的初级阶段，是会计信息化的基础工作。（   ）
8. 按适用范围划分，会计软件可分为单用户会计软件和多用户会计软件。（   ）
9. 为了体现"通用"的特点，通用会计核算软件一般都设置初始化模块。（   ）
10. 会计核算软件中，内部控制由原来的人工控制转变为人机共同控制。（   ）
11. 作为 ERP 系统的组成部分，会计信息系统中的管理会计子系统处理日常财务业务，以企业实体为单位对外出具规定格式的会计报表。（   ）
12. 计算机会计核算系统主要包括：账务处理系统、报表系统、工资核算系统等。（   ）
13. 会计电算化和会计信息化是信息技术在会计中应用的两个不同的阶段，会计信息化是会计电算化的初级阶段和基础工作。（   ）
14. 数据库系统阶段的特点之一是数据冗余小，易扩充。（   ）
15. 账务处理模块是以原始凭证为接口与其他功能模块有机连接在一起，构成完整的会计核算系统。（   ）
16. 会计电算化内部控制是指为了维护会计数据准确、可靠和为了保证企业财产安全而实施的内部控制。（   ）
17. 会计核算软件按照不同的适用范围可分为通用会计核算软件和商品化会计核算软件。（   ）
18. 会计电算化的作用之一是提高经营管理水平，使财务会计管理由事后管理向事中控制、事先预测转变，为管理信息化打下基础。（   ）
19. 会计电算化在增强企业竞争力，提高企业经营管理水平等方面有重要作用。（   ）
20. 会计信息处理包括输入、处理和输出，重点是输入。（   ）

第二章　会计电算化的工作环境

一、单选题

1. ENIAC 计算机所采用的逻辑器件是(　　)。
   A. 电子管　　　　　　　　　　B. 晶体管
   C. 中小型集成电路　　　　　　D. 大规模及超大规模集成电路
2. PC 机的主流是(　　)公司在 1981 年推出的 PC 机系列及其众多的兼容机。
   A. 微软　　　　B. IBM　　　　C. 联想　　　　D. SUN
3. 大规模及超大规模集成电路的出现产生了计算机的(　　)。
   A. 第一代产品　　　　　　　　B. 第二代产品
   C. 第三代产品　　　　　　　　D. 第四代产品
4. 以下不属于计算机的基本特点的是(　　)
   A. 运算速度快　　　　　　　　B. 有记忆能力
   C. 体积小　　　　　　　　　　D. 自动化程度高
5. 1MB 等于(　　)。
   A. 1000 字节　　　　　　　　　B. 1024 字节
   C. 1000＊1000 字节　　　　　　D. 1024＊1024 字节
6. 多媒体计算机能处理数字、文字、符号、图像、声音等多种信息，各种信息在计算机内部是用(　　)方式来表示的。
   A. 信息原型　　B. 文字和符号　C. 不确定　　　D. 二进制数
7. 下列不属于微型计算机主要性能指标的是(　　)。
   A. 字长　　　　　　　　　　　B. 内存容量
   C. 重量　　　　　　　　　　　D. 时钟脉冲(主频)
8. 计算机的时钟周期与以下(　　)相对应。
   A. 主频　　　　B. 主机速度　　C. CPU　　　　D. 字长
9. 以下不属于内存的是(　　)
   A. RAM　　　　B. ROM　　　　C. CACHE　　　D. PENTIUM
10. 以下存储器中(　　)的容量最大。
    A. RAM　　　　B. CDROM　　　C. DVDROM　　　D. FDD
11. 下列不属于常用微机操作系统的是(　　)。
    A. DOS　　　　B. WINDOWS　　C. FOXPRO　　　D. OS/2
12. 程序设计语言一般分为机器语言、汇编语言、高级语言三类，执行速度快、效率高的是(　　)。
    A. 机器语言　　B. 汇编语言　　C. 高级语言　　D. 无法判断
13. 计算机的(　　)发展趋势,使得计算机广泛渗透到了家庭普通人的生活中,并改变着我们的生活方式。

    A. 微型化　　　　B. 网络化　　　　C. 多媒体化　　　　D. 智能能化

14. 一个完整的计算机系统是由(　　)部分组成的。

    A. 两个　　　　　B. 三个　　　　　C. 四个　　　　　　D. 五个

15. 计算机网络中共享的资源包括(　　)。

    A. 软件资源　　　B. 数据　　　　　C. 硬件　　　　　　D. 以上都是

16. 网络(　　)功能能实现数据有组织的分散处理和存储。

    A. 资源共享　　　B. 文件传输　　　C. 分布式数据库　　D. 网络管理

17. 速度最快的网络传输介质是(　　)。

    A. 同轴电缆　　　B. 卫星通讯　　　C. 光纤　　　　　　D. 微波

18. 位于互联网上的计算机都有其唯一的地址,称为(　　)。

    A. 网络地址　　　B. 域名　　　　　C. IP 地址　　　　 D. 主机名

19. 关于内存的说法不正确的是(　　)。

    A. RAM 即随机存贮器

    B. ROM 即只读存储器

    C. 关机后内存中内容自动消失、开机可恢复

    D. 空间越大、计算机功能越强

20. 常见系统软件包括(　　)。

    A. 操作系统、程序设计语言和数据管理系统

    B. 操作系统、文字处理软件

    C. 汇编语言、高级语言、机器语言

    D. DOS、WINDOWS98/2000/NT

21. 计算机网络可分为(　　)。

    A. 局域网、城域网、广域网　　　　B. 广播方式和点对点方式

    C. 总线、星形、环形、网状　　　　D. 教学网、校园网

22. 既能破坏硬件又能破坏软件的病毒是(　　)。

    A. 磁盘杀手病毒　B. 大麻病毒　　　C. 2708 病毒　　　 D. CIH 病毒

23. 计算机病毒与正常程序的本质区别为(　　)。

    A. 传染性　　　　B. 破坏性　　　　C. 潜伏性能　　　　D. 衍生性

24. 以下不属于计算机防毒措施的是(　　)。

    A. 制作和系统启动盘　　　　　　　B. 重要磁盘保护

    C. 备份　　　　　　　　　　　　　D. 系统升级

25. 下列病毒分类不正确的是(　　)。

    A. 引导型　　　　B. 文件型　　　　C. 程序型　　　　　D. 复合型

26. 防火墙软件的作用是(　　)。

    A. 防止火灾　　　　　　　　　　　B. 阻止网络中的黑客访问

    C. 自动备份数据　　　　　　　　　D. 查杀计算机病毒

27. 计算机病毒具有(　　)。

    A. 传播性、潜伏性、破坏性　　　　B. 传播性、破坏性、易读性

C. 潜伏性、破坏性、易读性 D. 传播性、潜伏性、安全性

28. 目前在媒体报道上最常见的影响计算机系统安全的风险类型是( )。
    A. 系统故障风险 B. 内部人员道德风险
    C. 系统关联方道德风险 D. 社会道德风险

29. 构成计算机系统的各种物理设备的总称是( )。
    A. CPU B. 操作系统 C. 硬件系统 D. 软件系统

30. 计算机辅助设计的英文缩写是( )。
    A. CAD B. CAI C. CAM D. CAT

31. 存储信息的基本单位是( )。
    A. bit B. byte C. KB D. MB

32. 中央处理器是由运算器和( )构成。
    A. 控制器 B. 存储器 C. 输入设备 D. 输出设备

33. 有一台电脑,CPU的技术指标是P4/2.1G,其中2.1G的含义是指( )来说的。
    A. 型号 B. 主频 C. 内存 D. 字长

34. ROM的特点是( )。
    A. 可读可写 B. 只读不写 C. 只写不读 D. 不读不写

35. 微机运行程序要占用内存,这里说的内存是指( )。
    A. RAM B. ROM C. 硬盘 D. 软盘

36. 下列读写速度最快的外存储器是( )。
    A. 光盘 B. 软盘 C. U盘 D. 硬盘

37. 硬盘工作时,应特别注意避免( )。
    A. 强烈震动 B. 噪声 C. 光线直射 D. 环境卫生不好

38. 网络域名的类别型域名中代表商业机构的是( )。
    A. com B. gov C. org D. edu

39. 计算机病毒是可以造成计算机故障的一种( )。
    A. 霉变 B. 病菌 C. 芯片 D. 程序

40. 整个系统配备一台计算机主机和多个终端,以上描述的是( )。
    A. 单机结构 B. 多机松散结构
    C. 微机局域网络 D. 多用户结构

41. 硬件结构是指硬件设备的不同组合方式,常见的会计信息系统的硬件结构不包括( )。
    A. 单机结构 B. 多机松散结构
    C. 微机局域网络结构 D. 互联网结构

42. 应用软件是指( )。
    A. 为解决各类具体应用问题而编制的软件
    B. 一种操作简单的软件
    C. 人们经常使用的软件
    D. 字表处理软件的总称

43. 当电源掉电时,其中保存的信息会全部丢失的是( )。
    A. ROM   B. RAM   C. 软盘   D. 硬盘
44. 用来协调和指挥整个计算机系统操作的部件是( )。
    A. 运算器   B. 控制器   C. 内存储器   D. 外存储器
45. 下列各项操作过程中,不会导致计算系统被传染病毒的是( )。
    A. 下载文件   B. 接电子邮件   C. 浏览网站   D. 录入工资数据
46. 最先实现存储程序的计算机是( )。
    A. ENIAC   B. EDSAC   C. EDVAC   D. VNIVA
47. 下列关于 microsoft internet explore 的表述正确的是( )。
    A. 一种电子表格软件   B. 一种杀毒软件
    C. 一种文字处理软件   D. 一种浏览器
48. HTTP 是一种( )。
    A. 域名   B. 协议   C. 网址   D. 高级语言
49. 第二代计算机采用的主要元件是( )。
    A. 电子管   B. 晶体管
    C. 中小规模集成电路   D. 大规模和超大规模集成电路
50. 下列关于光盘的描述错误的是( )。
    A. 要存放在专用的光盘盒里   B. 避免灰尘或脏物污染
    C. 避免硬物划伤   D. 可以长时间保存在柔软的塑料袋中
51. 下列有关计算机操作系统的叙述不正确的是( )。
    A. 操作系统属于系统软件
    B. 操作系统只负责管理内存储器,而不管理外存储器
    C. UNIX 是一种操作系统
    D. 计算机的处理器、内存等硬件资源也由操作系统管理
52. 下列支持服务程序的别称正确的是( )。
    A. 网络通信协议   B. 应用程序   C. 操作系统   D. 工具软件
53. 显示器最重要的性能指标是( )。
    A. 点距   B. 像素   C. 分辨率   D. 显示屏大小
54. 错误的 IP 地址是( )。
    A. 192.160.0.1   B. 192.200.0.1
    C. 192.250.0.1   D. 192.256.0.1
55. 互联网的 ISP 是指( )。
    A. Internet 入网服务提供商   B. Internet 控制程序
    C. 在 Internet 方面有能力的人   D. Internet 内容提供商
56. IE 浏览器收藏夹中收藏的是( )。
    A. 网页中的超级链接   B. 网页的内容
    C. 网页地址   D. 浏览器的状态
57. E-mail 地址 zzz@yahoo.com.cn 中,( )表示电子邮件服务器域名。
    A. zzz   B. yahoo.com.cn

C. @yahoo.com.cn   D. yahoo

58. 下列系统软件不包括（　　）。
   A. 操作系统   B. 语言处理程序
   C. 数据库管理系统   D. 会计核算软件

59. 计算机显示器参数中，参数 640*480,1024*768 等表示（　　）。
   A. 显示器屏幕的大小   B. 显示器显示字符的最大列数和行数
   C. 显示器的分辨率   D. 显示器的颜色显示

60. 下列微型计算机的名称不正确的是（　　）。
   A. 电脑   B. 个人计算机   C. PC 机器   D. 工作站

61. 比字节更大的单位依次是 KB、MB 和 GB，它们之间的换算比率都是（　　）。
   A. 512   B. 1000   C. 1024   D. 8

62. 一座大楼中的各室微机进行联网，这个网络属于（　　）。
   A. WAN   B. LAN   C. MAN   D. GAN

63. 万维网 www 是（　　）的缩写。
   A. world wide window   B. world wide web
   C. world wide wait   D. world wide watch

64. 一个完整的计算机系统是由（　　）组成的。
   A. 硬件系统和软件系统   B. 键盘和显示器
   C. 内存和外存   D. 系统软件和应用软件

65. 因特网也称（　　），是当今世界上最大的国际性计算机因特网络，是广域网的一种。
   A. Extranet   B. Intranet   C. Uninet   D. Internet

66. 一般情况下断电后 ROM 的存储的信息（　　）。
   A. 丢失   B. 被存储到硬盘   C. 不会丢失   D. 被重写

67. 微型计算机系统中的中央处理器主要由（　　）构成。
   A. 内存储器和控制器   B. 内存储器和运算器
   C. 控制器和运算器   D. 内存储器、控制器和运算器

68. 计算机软件一般可以分为（　　）两大类。
   A. 实用程序和软件工具   B. 操作系统和数据库管理系统
   C. 系统软件和应用软件   D. 操作系统和语言处理系统

69. Internet 使用的 IP 地址是由（　　）组成的。
   A. 国家地区号和电话号码   B. 网络号和邮政代码
   C. 国家代号和城市代号   D. 网络号和主机号

70. 有关计算机病毒的传播途径，不正确的说法是（　　）。
   A. 共用软盘   B. 软盘复制
   C. 借用他人的软盘   D. 和带毒盘放在一起

71. 汇编语言源程序经（　　）汇编得到机器指令形式的目标代码。
   A. C 编译程序   B. FORTRAN 编译程序
   C. PASCAL 编译程序   D. 汇编程序

72. PowerPoint 是著名的( ),可用以制作计算机化的演示材料。
    A. 简报软件　　　B. 报表软件　　　C. 文字处理软件　　　D. 绘图软件
73. 某单位的财务管理软件属于( )。
    A. 工具软件　　　B. 应用软件　　　C. 系统软件　　　D. 字表处理软件
74. 构成计算机电子的或机械的物理实体被称为( )。
    A. 计算机系统　　　　　　　　　　B. 计算机硬件系统
    C. 主机　　　　　　　　　　　　　D. 外设
75. 一个字节由( )个二进制位构成。
    A. 2　　　　　　B. 4　　　　　　C. 6　　　　　　D. 8
76. 下列各项中,不属于输入设备的是( )。
    A. 键盘　　　　　B. 鼠标　　　　C. 打印机　　　　D. 扫描仪
77. 合法的电子邮件地址是( )。
    A. Wang.em.hxing.com.cn　　　　　B. em.hxing.com.cn.wang
    C. em.hxing.com.cn@wang　　　　　D. wang@em.hxig.com.cn
78. ( )又称为算法语言,是一种比较接近人类自然语言的计算机语言。
    A. 低级语言　　　B. 机器语言　　　C. 汇编语言　　　D. 高级语言
79. 下列硬件具有记忆功能的是( )。
    A. 控制器　　　　B. 存储器　　　　C. 运算器　　　　D. 中央处理器
80. 下列关于存储器的叙述正确的是( )。
    A. CPU 能直接访问存储在内存的数据,也能直接访问存储在外存中的数据
    B. CPU 不能直接访问存储在内存的数据,能直接访问存储在外存中的数据
    C. CPU 只能直接访问存储在内存的数据,不能直接访问存储在外存中的数据
    D. CPU 既不能直接访问存储在内存的数据,也不能直接访问存储在外存中的数据
81. 汇编语言也称为( )。
    A. 机器语言　　　B. 符号语言　　　C. 高级语言　　　D. C 语言
82. 下列有关计算机操作系统的叙述不正确的是( )。
    A. 操作系统属于系统软件
    B. 操作系统只负责管理内存储器,而不管外存储器
    C. UNIX 是一种操作系统
    D. 计算机的处理器、内存等硬件资源也由操作系统管理
83. 衡量计算机硬盘技术的指标有很多,但不包括( )。
    A. 主轴转速　　　　　　　　　　　B. 平均寻道时间
    C. 数据传输速率　　　　　　　　　D. 地址总线宽度
84. 为提高计算机的安全性,密码应尽可能做到( )。
    A. 全部用字母　　　　　　　　　　B. 全部用数字
    C. 字母、数字和其他字符混排　　　D. 全部用字母和数字以外的其他字符
85. 下列有关系统软件的说法不正确的是( )。
    A. 系统软件用于管理和维护计算机资源
    B. 系统软件是为了解决各类应用问题而设计的各种计算机软件

C. 系统软件用于协调计算机各部分的工作,增强计算机功能

D. 操作系统、编译程序和数据库管理系统都属于系统软件

86. 计算机运行和数据处理的最基本、最有效的信息位长度是( )。
   A. 字长　　　　　B. 字节　　　　　C. CPU 的主频　　D. 计算速度

87. 计算机中一般只存放急需处理的数据和正在执行的程序的部件是( )。
   A. 软盘　　　　　B. 硬盘　　　　　C. CPU　　　　　D. 内存储器

88. 通过计算机网络非法进入他人系统的计算机入侵者被称为( )。
   A. 红客　　　　　B. 博客　　　　　C. 黑客　　　　　D. 不速之客

二、多选题

1. 计算机正向着( )方向发展。
   A. 巨型化　　　　B. 网络化　　　　C. 微型化　　　　D. 智能化

2. 会计软件从系统环境看,包括( )。
   A. 硬件环境　　　B. 网络环境　　　C. 软件环境　　　D. 操作环境

3. 常见的输入设备有( )。
   A. 显示器　　　　B. 扫描仪　　　　C. 绘图仪　　　　D. 鼠标

4. 常见的输出设备有( )。
   A. 显示器　　　　B. 扫描仪　　　　C. 绘图仪　　　　D. 键盘

5. 键盘键位一般可分为( )。
   A. 编辑控制键区　B. 功能键区　　　C. 打字键区　　　D. 小键盘区

6. 根据计算机的规模划分,可将其分为( )。
   A. 巨型机　　　　B. 大型机　　　　C. 微型机　　　　D. 小型机

7. 黑客常用的手段有( )。
   A. 网上欺骗　　　B. 特洛伊木马　　C. 逻辑炸弹　　　D. 解密高手

8. 下列属于高级语言的是( )。
   A. BASIC 语言　　B. JAVA 语言　　　C. 汇编语言　　　D. 机器语言

9. 数据库系统的组成部分包括( )。
   A. 数据库　　　　　　　　　　　　B. 数据库管理系统
   C. 应用程序　　　　　　　　　　　D. 硬件

10. 硬盘属于( )。
    A. 内部存储器　　B. 外部存储器　　C. 辅助存储器　　D. 随机存储器

11. 计算机的特点包括( )。
    A. 运算速度快
    B. 计算精度高
    C. 存储容量大
    D. 具有逻辑判断能力和自动执行程序的能力

12. 下列设备中,属于输入、输出设备的有( )。
    A. 键盘　　　　　B. 鼠标　　　　　C. 硬盘　　　　　D. 显示器

13. E-mail 顾名思义就是"电子邮件"的意思。下列对 E-mail 说法正确的有( )。
    A. 电子邮件是使用的最多的服务之一

B. E-mail 地址的格式都是类似的
C. 可以在同一台计算机上建立多个邮件,并在同一窗口中使用它们
D. 不需要收发服务器

14. 文件型病毒通常感染扩展名为( )的文件。
    A. JPG　　　　　B. EXE　　　　　C. TXT　　　　　D. COM
15. 常用的对鼠标的操作有( )。
    A. 单击　　　　　B. 双击　　　　　C. 单击右键　　　D. 拖动
16. 下列可构成计算机主机的部件有( )。
    A. 键盘　　　　　B. CPU　　　　　C. 显示器　　　　D. 内存
17. 以下属于计算机输出设备的有( )。
    A. 显示器　　　　B. 光笔　　　　　C. 打印机　　　　D. 绘图仪
18. 以下属于应用软件的有( )。
    A. 文字处理软件　　　　　　　　　B. 数据库管理系统
    C. 财务管理系统　　　　　　　　　D. 图形软件
19. 语言处理系统包括( )。
    A. 机器语言　　　B. 汇编语言　　　C. 高级语言　　　D. 编码语言
20. 高级语言的源程序需翻译成机器语言能执行的目标程序才能执行,这种翻译方式有( )。
    A. 汇编　　　　　B. 转换　　　　　C. 编译　　　　　D. 解释
21. 在微型计算机中,常用的外存储器有( )。
    A. 软盘　　　　　B. 光盘　　　　　C. 硬盘　　　　　D. 内存
22. 存储器可以分为( )。
    A. 主存储器　　　B. 辅助存储器　　C. 硬盘　　　　　D. 软盘
23. 互联网的主要功能有( )。
    A. 电子邮件　　　B. 电子商务　　　C. 专题讨论　　　D. 文件交换
24. 按照通信距离或覆盖范围,计算机网络可以分为( )。
    A. 局域网　　　　B. 城域网　　　　C. 广域网　　　　D. 无线网
25. 下列可以作为 IP 地址的有( )。
    A. 202.96.0.1　　　　　　　　　　B. 202.110.7.12
    C. 112.256.23.8　　　　　　　　　D. 159.226.1.18
26. 影响计算机系统安全的主要因素有( )。
    A. 系统故障的风险　　　　　　　　B. 内部人员道德风险
    C. 系统关联方道德风险　　　　　　D. 社会道德风险
27. 防止黑客进入的主要措施有( )。
    A. 制定相关法律　　　　　　　　　B. 采用防火墙
    C. 安装防毒软件　　　　　　　　　D. 数据加密
28. 黑客的攻击目标几乎遍及计算机系统的每一个组成部分,其中主要攻击对象有( )。
    A. 网络组件　　　B. 网络服务　　　C. 计算机系统　　D. 信息资源

29. 下列属于计算机病毒防范措施的有( )。
    A. 规范使用 U 盘的操作
    B. 减少盗版软件的购买
    C. 在装有会计软件的电脑上,安装游戏软件
    D. 经常升级杀毒软件

30. 会计信息系统的网络组成部分包括( )。
    A. 服务器　　　B. 客户机　　　C. 网络连接设备　　　D. 通信设备

31. 计算机网络是现代计算机技术与通信技术相结合的产物,它是以( )为目的的,在统一的网络协议控制下,将地理位置分散的许多独立的计算机系统连接在一起所形成的网络。
    A. 硬件资源和软件资源共享　　　B. 信息化
    C. 信息资源共享　　　　　　　　D. 信息传递

32. 计算机病毒的传染途径有( )。
    A. 网络　　　B. 软盘　　　C. 硬盘　　　D. U 盘

33. 下列属于计算机病毒特点的是( )。
    A. 隐蔽性　　　B. 感染性　　　C. 潜伏性　　　D. 破坏性

34. 计算机的性能指标包括( )。
    A. 主频　　　B. 字长　　　C. 内存容量　　　D. 分辨率

35. 计算机内部采用二进制表示数据的原因有( )。
    A. 电路简单,容易实现,而且稳定可靠
    B. 表示相同的数值,二进制比十进制位数少
    C. 二进制数运算法则简单,可简化硬件结构
    D. 便于逻辑运算

36. 下列有关计算机内存储器的作用描述不正确的是( )。
    A. 存放正在执行的程序和当前使用的数据,它具有一定的运算能力
    B. 存放正在执行的程序和当前使用的数据,它本身并无运算能力
    C. 存放正在执行的程序,它有一定的运算能力
    D. 存放当前使用的数据文件,它有一定的运算能力

37. 关于计算机内存的描述中,下列说法不正确的有( )。
    A. ROM 的数据在使用时只能写入
    B. ROM 的数据在使用时可以读出也可以写入
    C. RAM 的数据在使用时只能读出不能写入
    D. RAM 的数据在使用时又能读出又能写入

38. 下列属于计算机硬件显示系统组成部分的有( )。
    A. 显示器　　　B. 显示卡　　　C. 显存　　　D. 电源

39. 按照定位原理不同,下列鼠标分类正确的有( )。
    A. GPS 式　　　B. 光电式　　　C. 机械式　　　D. 移动式

40. 下列属于单机结构的缺点的有( )。
    A. 使用简单、配置成本低　　　B. 数据共享程度低

C. 集中输入速度低　　　　　　　　D. 不能同时允许多个成员进行操作

三、判断题

1. 计算机的时钟周期就是计算机的主频。（　　）
2. 微机的运行速度,完全是由 CPU 的主频率所决定的。（　　）
3. 存储程序原理明确了计算机硬件组成的五大部分。（　　）
4. 组成计算机硬件的五大部分是：运算器、控制器、内存储器、外存储器、输出设备。（　　）
5. 硬盘是一种输入输出设备。（　　）
6. CPU 由运算器和控制器组成。（　　）
7. ROM 不属于微型计算机的外存储器。（　　）
8. CD-ROM 是属于微型计算机的外存储设备。（　　）
9. DVD 光盘容量可达普通硬盘容量的 7 倍。（　　）
10. 唯一能被计算机直接识别的语言是机器语言。（　　）
11. WORD 是属于系统软件。（　　）
12. 会计核算软件属于应用软件。（　　）
13. Internet 的中文意思是广域网。（　　）
14. Internet 使用的网络协议是 TCP/IP 协议。（　　）
15. 网络通讯双方为了能正确的传输和接收数据,必须遵循共同的网络传输协议。（　　）
16. www.bbb.net 表明该网站是属于商业网站。（　　）
17. 计算机病毒的产生是一种人为因素造成的。（　　）
18. 计算机发展的方向是以"人工智能"为特征的第五代计算机。（　　）
19. 计算机内字的位数越多,字的精度就越高。（　　）
20. 如果要接收别人的电子邮件,自己必须要有一个电子邮件地址。（　　）
21. CPU 是独立的处理程序。（　　）
22. 一个二进制数只能用 0 和 1 两个数码表示。（　　）
23. 计算机软件分为系统软件和应用软件两大类。（　　）
24. Internet 中的每一台主机都有一个唯一的域名,却不必有一个 IP 地址。（　　）
25. 杀病毒软件在使用上没有局限性,可杀除所有的病毒。（　　）
26. E-mail 只能输入文字信息。（　　）
27. 二进制是一种计数方法,其基数为 2,数码只有 1 或 2,计算规则是逢二进一。（　　）
28. 信息的存储单位是"字节"(Byte),并且规定 1024Byte = lKB。（　　）
29. 自 20 世纪 50 年代中期,计算机投入商业应用以来,科学计算已逐渐成为计算机应用最主要的任务。（　　）
30. 计算机病毒可以消除但不能预防。（　　）
31. 信息处理是目前计算应用最广泛的领域,约占整个计算机应用的 80% 以上。（　　）
32. 外存上的信息不可以直接进入 CPU 被处理。（　　）

33. CPU 和 RAM 是计算机的外部设备。（   ）
34. 对软盘进行写保护设置是防止软盘感染计算机病毒的有利措施之一。（   ）
35. 运算器和控制器构成了中央处理器 CPU。（   ）
36. 在数字电子计算机中采用二进制形式表示数据。（   ）
37. 鼠标是计算机最常用的输入设备之一。（   ）
38. 会计软件属于计算机应用软件。（   ）
39. 只有硬件没有软件的计算机通常称为"裸机"。（   ）
40. 机器语言程序是计算机能直接执行的程序。（   ）
41. CAM 可以帮助设计人员进行工程或产品的设计工作,采用 CAM 能够提高设计工作的自动化程度,缩短设计周期,并达到最佳的设计效果。（   ）
42. 信息处理的本质就是数据处理,数据处理的主要目的是获取有用的信息。（   ）
43. 应用软件通常面向最终用户并具有特定的功能。（   ）
44. 中央处理器本身不是计算机,它是计算机的控制和处理部分。（   ）
45. 硬盘带有引导型病毒,当用硬盘启动系统时,病毒就会启动起来进入内存。（   ）
46. 汇编语言程序在计算机中不需要编译,能被直接执行。（   ）
47. 人事管理、仓库管理、银行业务、预订机票都属于信息处理的应用领域。（   ）
48. 计算机病毒具有潜伏性,仅在满足某些触发条件时才发作。（   ）
49. 一个局域网可以安装多个服务器,按其所提供的服务可分为文件服务器、打印服务器、应用程序或数据库服务器等。（   ）
50. 用机器语言编写的程序称为机器语言程序,这种程序功能强、占用内存少、执行速度快。（   ）

第三章　会计软件的应用

一、单选题

1. （　　）工作不属于账务处理的内容。
　　A. 设置账户　　　B. 填制凭证　　　C. 财产清查　　　D. 登记账薄
2. 可以通过（　　）设置报表的行数和列数。
　　A. 定义报表尺寸　　　　　　　　B. 定义行高列宽
　　C. 画表格线　　　　　　　　　　D. 定义单元属性
3. 在电算化会计核算流程中,通过（　　）这一步骤,使记账凭证成为正式会计档案,不能再被修改。
　　A. 记账凭证编制　　　　　　　　B. 记账凭证审核
　　C. 记账凭证记账　　　　　　　　D. 会记报表编制
4. 现行会计制度统一规定了各行业（　　）的编码。
　　A. 一级科目　　　B. 二级科目　　　C. 三级科目　　　D. 所有科目

5. 某单位账务处理系统的科目编码规则是4-2-2-2,下列代码中不是正确的科目代码是( )。
   A. 5211　　　　　　B. 521112　　　　　C. 521123201　　　D. 52112426
6. 账务处理系统中,有发生额或有余额的科目( )。
   A. 可以修改　　　　　　　　　　　　B. 可以删除
   C. 可以修改但不能删除　　　　　　　D. 不能修改也不能删除
7. 如果账务处理系统开始处理日常业务的日期是2005年1月1日,则初始余额录入时需录入( )。
   A. 期初余额　　　　　　　　　　　　B. 借方累计发生额
   C. 贷方累计发生额　　　　　　　　　D. 三者都要
8. 对于收款凭证,借方( )科目。
   A. 必有"现金"　　　　　　　　　　　B. 必有"银行存款"
   C. 必无A和B　　　　　　　　　　　　D. 必有A和B
9. 账务处理系统中,输入凭证时摘要可使用( )输入。
   A. 利用汉字输入法直接输入　　　　　B. 利用代码从摘要库输入
   C. 利用热键快捷输入　　　　　　　　D. 以上全部
10. 账务处理系统中,( )的凭证可以记账。
    A. 已审核　　　　　B. 未审核　　　　　C. 已存盘　　　　　D. 无错误
11. 发现已审核且还未记账的凭证有错误时,应该用( )修改错误。
    A. 红字冲销法　　　　　　　　　　　B. 删除该凭证后添加正确的凭证
    C. 直接修改　　　　　　　　　　　　D. 取消审核后再修改凭证
12. 凡是具有( )的总账科目均可用多栏账格式输出其明细账。
    A. 明细科目　　　　B. 数量核算　　　　C. 外币核算　　　　D. 费用类
13. 账务处理系统中,结账前操作员应进行( )。
    A. 整理账簿　　　　B. 计算余额　　　　C. 数据备份　　　　D. 打印凭证
14. 电算化条件下,仍然需要用人工完成的会计处理环节是( )。
    A. 编制凭证　　　　B. 登记总账　　　　C. 编制报表　　　　D. 登记明细账
15. 会计核算软件的核心功能模块是( )。
    A. 报表处理　　　　B. 账务处理　　　　C. 工资核算　　　　D. 往来款核算
16. 会计核算软件在数据输入方式上可能不提供的是( )。
    A. 键盘输入　　　　B. 软盘输入　　　　C. 扫描输入　　　　D. 网络输入
17. 一个账套可以代表( )的账簿体系。
    A. 一个部门　　　　B. 一个分公司　　　C. 一个总公司　　　D. 都可以
18. 会计科目编码一般采用( )的编码方法。
    A. 顺序数字码　　　B. 拼音码　　　　　C. 分组数字码　　　D. 随机指定
19. 会计科目"其它货币资金(1009)"的科目类型是( )。
    A. 资产类　　　　　B. 负债类　　　　　C. 成本类　　　　　D. 权益类
20. 账务处理系统中,初始余额录入完成后,应由( )校验借贷双方总额平衡。
    A. 输入人员　　　　B. 计算机　　　　　C. 程序员　　　　　D. 账务主管

21. 启用账套后,操作员不能再修改( )。
    A. 科目类型　　　　B. 操作员口令　　　C. 初始余额　　　　D. 结算方式
22. 填制凭证时,操作员输入科目代码后,系统将自动显示( )。
    A. 科目类型　　　　B. 科目名称　　　　C. 借方金额　　　　D. 贷方金额
23. 账务处理系统中,凭证的编号应遵守( )。
    A. 递增可跳号　　　B. 递增可重号　　　C. 连续递增　　　　D. 随机给定
24. 发现已记账的凭证有错误时,可用( )修改错误。
    A. 红字冲销法　　　B. 删除该凭证　　　C. 直接修改　　　　D. 都不对
25. 如本期已编制了10张未审核的付款凭证,这时,允许删除( )号凭证。
    A. 付-2　　　　　　B. 付-6　　　　　　C. 付-8　　　　　　D. 付-10
26. 账务处理系统中,允许( )账。
    A. 一月结一次　　　B. 一月结数次　　　C. 几月结一次　　　D. 都可以
27. 从手工银行对账转变为计算机银行对账,较合适的时机是在( )。
    A. 月初　　　　　　B. 月中　　　　　　C. 月末　　　　　　D. 任意
28. 一般账务处理系统在自动银行对账时的对账方式包括( )。
    A. 金额　　　　　　B. 金额与方向　　　C. 方向　　　　　　D. 都不是
29. 会计报表的表体是由( )构成的。
    A. 表元　　　　　　B. 表格线　　　　　C. A和B　　　　　　D. 计算公式
30. 编制会计报表,主要是确定( )的值。
    A. 表头　　　　　　B. 表尾　　　　　　C. 变动表元　　　　D. 固定表元
31. 资产负债表中"累计折旧"项目的期末数的数据来源是属于( )。
    A. 账簿数据　　　　B. 本表数据　　　　C. 表间数据　　　　D. 手工输入
32. 尽管变动表元的值每月都在变,但它们的( )却相对不变。
    A. 数值大小　　　　B. 数据来源　　　　C. 内容　　　　　　D. 汇总结果
33. 报表处理系统中,表元值的计算方法一般是用( )来表示的。
    A. 取数计算公式　　B. 审核公式　　　　C. 计算表　　　　　D. 日期公式
34. 报表的勾稽关系是指( )之间的逻辑核对关系。
    A. 总账明细账　　　B. 不同子系统　　　C. 不同操作员　　　D. 报表项目
35. 总分类账可以用总分类账户本期( )对照表替代。
    A. 借方与贷方发生额　　　　　　　　　B. 借方与贷方余额
    C. 发生额、余额　　　　　　　　　　　D. 期初与期末余额
36. 在填制凭证时,如果涉及项目辅助核算科目,输入的项目是( )。
    A. 项目大类　　　　B. 项目分类　　　　C. 项目目录　　　　D. 项目结构
37. 在账务处理系统中,凭证输入中的科目栏要求输入( )。
    A. 一级科目　　　　B. 二级科目　　　　C. 末级科目　　　　D. 任意级科目
38. 账表系统提供了许多种账务函数,其中取总账系统某账户本期发生额的函数名为( )。
    A. AQC( )　　　　　B. FS( )　　　　　C. CQC( )　　　　　D. QC( )

39. 建立账套时,需要以( )的身份注册系统管理。
    A. admin   B. 财务主管   C. 账套主管   D. 财务总监
40. 报表的单元名称由( )组成。
    A. 表示列的字母+表示行的数据   B. 表示行的数据+表示列的数据
    C. 表示列的数据+表示行的数据   D. 表示行的字母+表示列的数据
41. 用友报表系统中,公式QM("1001",月)的含义是( )。
    A. 取1001科目的本月期初余额   B. 取1001科目的本月期末余额
    C. 取1001账套的本月期初余额   D. 取1001账套的本月期末余额
42. 固定资产核算模块中,每月必须进行的业务是( )。
    A. 资产增加   B. 部门转移   C. 出售资产   D. 折旧计提
43. 报表子系统生成的对内会计报表是( )。
    A. 资产负债表   B. 管理用会计报表
    C. 利润表   D. 财务状况变动表
44. 数据备份应该在每个会计期间( )完成前完成。
    A. 出纳签字   B. 记账   C. 审核   D. 结账
45. 以系统管理员的身份注册系统管理时,不能进行的操作是( )。
    A. 建立账套   B. 修改账套   C. 输出账套   D. 引入账套
46. 电算化会计核算基本流程正确的是( )。
    A. 编制记账凭证、凭证审核、记账、结账、编制报表
    B. 编制记账凭证、凭证审核、结账、记账、编制报表
    C. 编制报表、凭证审核、记账、结账、编制记账凭证
    D. 编制报表、凭证审核、结账、记账、编制记账凭证
47. 在应收款管理系统中应收款核销方式一般不包括( )。
    A. 按客户核销方式   B. 按余额核销方式
    C. 按单据核销方式   D. 按存货核销方式
48. 已审核凭证的标志是( )。
    A. 经会计主管浏览的凭证   B. 经审核人员浏览的凭证
    C. 经制单人员确认的凭证   D. 经审核人员签字的凭证
49. 填制会计凭证时,录入借方或贷方发生额,金额不能为( )。
    A. 0   B. 正数   C. 整数   D. 负数
50. 表体以下进行辅助说明的部分以及编制人、审核人等内容都是( )所包含的内容。
    A. 表尾   B. 表体   C. 表头   D. 标题
51. 在描述一个报表区域时,开始单元(左上角单元)与结束单元(右下角单元)之间用( )连接。
    A. ,   B. :   C. ;   D. 、
52. 账务系统中,记账凭证的编号应( )。
    A. 由计算机自动编号   B. 编号必须连续
    C. 如果分类,应分类编号   D. 以上全部

53. 需要在本期进行银行对账,初始化时应输入期初的( )。
    A. 初始数据　　　B. 未达账项　　　C. 部门　　　　　D. 往来单位
54. 会计核算软件提供的报表自定义功能不包括( )。
    A. 定义报表格式　　　　　　　　　B. 定义报表项目
    C. 定义各项目的数据来源　　　　　D. 核对账目
55. 在初始单位信息的输入过程中,必须输入的项目是( )。
    A. 单位地址　　　B. 法人名称　　　C. 单位名称　　　D. 税务号
56. 取消审核标志只能由( )。
    A. 会计主管进行　　　　　　　　　B. 具有审核权人员进行
    C. 必须由签字审核员取消　　　　　D. 必须由制单人员取消
57. 下列功能模块中不需要为账务处理系统生成记账凭证的有( )。
    A. 存货核算系统　　　　　　　　　B. 应付款核算系统
    C. 会计报表系统　　　　　　　　　D. 应收款核算系统
58. 由表行和表列交叉组成的最小区域,我们称之为( )。
    A. 表格　　　　　B. 表体　　　　　C. 表元　　　　　D. 表项目
59. 当一个科目设置为个人往来核算时,可以再设置( )。
    A. 客户往来　　　B. 供应商往来　　C. 部门核算　　　D. 项目核算
60. 会计核算软件中,同一报表的不同表页,其( )一定相同。
    A. 报表格式　　　B. 报表数据　　　C. 会计期间　　　D. 辅助核算项
61. 下列有关自定义报表的叙述错误的是( )。
    A. 由用户自己定义报表的格式、数据来源以及计算方法
    B. 使用时系统按规定的途径取得数据并输出由系统设定格式的报表
    C. 编制自定义报表必须使用通用报表系统提供的功能
    D. 改变报表格式时用户只需修改原先的定义,而不必修改系统程序
62. 报表管理系统中,可以用( )来唯一标志一个表页。
    A. 单元　　　　　B. 函数　　　　　C. 区域　　　　　D. 关键字
63. 不能在格式状态下操作的是( )。
    A. 表尺寸定义　　　　　　　　　　B. 关键字定义
    C. 关键字录入　　　　　　　　　　D. 定义报表公式
64. 下列关于彻底删除一张未审核的凭证,正确的操作是( )。
    A. 可直接删除　　　　　　　　　　B. 可将其作废
    C. 先作废,再整理凭证断号　　　　D. 先整理凭证断号,再作废
65. 银行对账是企业( )最基本的工作之一。
    A. 出纳　　　　　B. 会计　　　　　C. 财务经理　　　D. 总会计师
66. 制作报表中,下列不是在格式状态下进行的操作是( )。
    A. 设置表尺寸　　　　　　　　　　B. 设置单元属性
    C. 设定组合单元　　　　　　　　　D. 输入关键字
67. 系统最多可以建立( )套账。
    A. 996　　　　　B. 997　　　　　C. 998　　　　　D. 999

68. 实行会计电算化后,记账凭证( )。
   A. 必须将凭证按收款凭证、付款凭证和转账凭证分类
   B. 既可以分类也可以不分类
   C. 只能有记账凭证一种类型
   D. 必须分成银行收款凭证、银行付款凭证、现金收款凭证、现金付款凭证和转账凭证

69. 对于固定资产管理子系统的说法正确的是( )。
   A. 固定资产管理子系统提供卡片管理,但与账务系统无关
   B. 固定资产系统只是对固定资产的增减变动情况的管理
   C. 固定资产系统只要使用或改变就应计提折旧
   D. 固定资产系统计提折旧的方法可以由用户自行定义

70. 如果某类凭证要求必须在贷方出现某一科目,应该选择( )限制类型的凭证。
   A. 借方必无   B. 贷方必有   C. 借方必有   D. 贷方必无

71. 下列功能中不属于工资系统业务处理功能的是( )。
   A. 计算汇总费用分配   B. 个税处理
   C. 银行代发工资   D. 设置工薪税率

72. 通过工资分摊生成的会计凭证,将传递到( )。
   A. 销售模块   B. 固定资产模块
   C. 报表模块   D. 账务处理管理模块

73. 工资管理模块中,工资数据编辑的所有项目内容,来自( )定义。
   A. 部门设置   B. 职工编号   C. 工资项目   D. 职工项目

74. 工资核算系统中的工资项目定义和内容,是根据( )的实际需要建立的。
   A. 销售商   B. 用户   C. 开发人员   D. 系统

75. 不是应付款系统的目标的是( )。
   A. 减轻账务处理系统的负荷,集中核算应付账款
   B. 正确选择结算方式与结算时间,跟踪应付账款的到期期限,争取合理折扣
   C. 及时核算企业应付账款与预付账款,反映和监督采购资金支出和应付情况
   D. 及时提供债务总额和现金需要量,为采购管理提供决策支持

76. ( )子系统实现各种费用的归集和分配,及时准确地计算出产品的总成本和单位成本,并自动机制转账凭证供账务处理子系统使用。
   A. 存货核算   B. 销售核算
   C. 工资核算   D. 成本核算系统

77. 通用会计核算软件购买之后,必须经过( )操作,才能变成适合企业应用的专用会计核算软件。
   A. 账务处理   B. 系统初始化
   C. 填制凭证   D. 编制财务报表

78. 计算机账务处理系统中,某种凭证类型一旦使用,则年度内( )。
   A. 不能变动   B. 能修改但不能删除
   C. 不能删除   D. 不能修改或删除

79. 银行对账是根据机内银行存款日记账与( )进行核对,生成银行存款余额调节表。
   A. 销售对账单　　　　　　　B. 往来账对账单
   C. 银行对账单　　　　　　　D. 现金对账单
80. 产成品及销售核算系统进行销售发货处理时,发货单由销售部门根据销售订单产生,经审核后生成( )通知仓库备货并进行销售出库处理。
   A. 产成品入库单　　　　　　B. 产成品发货单
   C. 产成品调拨单　　　　　　D. 销售出库单
81. 用友报表中,输入关键字必须在( )状态下进行。
   A. 格式　　　B. 数据　　　C. 计算　　　D. 单元
82. 某一已填制完成的凭证编号栏显示"收-0045号0002/0003"表示( )。
   A. 收款第45号凭证共有2张分单
   B. 收款第45号凭证共有3张分单
   C. 收款第45号凭证共有2笔分录
   D. 收款第45号凭证共有3笔分录
83. 通用报表系统和账务处理系统的桥梁是( )。
   A. 计算公式　　B. 账务函数　　C. 审核公式　　D. 表间计算公式
84. 会计核算软件中,会计报表的编制一般有报表定义和( )两个具体过程。
   A. 报表实际编制　　　　　　B. 报表审核
   C. 报表制作　　　　　　　　D. 报表打印
85. 客户往来查询中的科目明细账用于( )。
   A. 查询某客户往来科目下各客户分类及其往来客户的明细账
   B. 查询指定科目下各往来客户的明细账情况
   C. 查询某个往来客户所有科目的明细账情况
   D. 查询某个往来客户某个科目的明细账情况
86. 应付款系统日常处理业务不包括( )。
   A. 单据处理　　B. 转账处理　　C. 初始设置　　D. 凭证处理
87. 应收模块账龄区间一般以( )为单位。
   A. 天　　　B. 月　　　C. 季度　　　D. 年
88. 在应收账款核算系统初始化中,需要录入每笔( )往来业务单据。
   A. 未核销的　　B. 已发生的　　C. 将要发生的　　D. 所有的
89. 为了全面核算企业的采购与劳务支出,凡涉及采购与接受劳务的记账凭证一般由( )编制。
   A. 总账系统　　B. 应收款系统　　C. 应付款系统　　D. 报表系统
90. 账务处理系统中使用科目代码是为了方便( )。
   A. 编写程序　　B. 记忆　　C. 计算机处理　　D. 报表的阅读
91. UFO报表系统在定义公式单元时属于不能默认必须输入的是( )。
   A. 账套号　　　　　　　　　B. 会计年度
   C. 科目编码　　　　　　　　D. 科目的借贷方向

92. 每个报表文件可包含（　　）张报表。
　　A. 255　　　　　B. 16　　　　　C. 3　　　　　D. 若干
93. 报表处理系统中的打开、关闭、保存等命令都是根据（　　）进行处理的。
　　A. 报表名字　　　B. 表页名　　　C. 关键字　　　D. 表头
94. 账务处理系统期初余额录入后，其数据是否正确是由（　　）。
　　A. 系统自动检验　　　　　　　　B. 手工进行检验
　　C. 不必进行检验　　　　　　　　D. 都不对
95. 已标错的凭证不能被审核，若想审核，需要（　　）才能审核。
　　A. 取消标错后　　　　　　　　　B. 进行修改后
　　C. 系统管理员确认后　　　　　　D. 会计管理处理后
96. 为了明确操作员的工作范围和职责，应为每个操作员设定（　　）。
　　A. 操作员代码　　　　　　　　　B. 操作权限
　　C. 操作员姓名　　　　　　　　　D. 操作时间
97. 已审核未记账的凭证，修改方法为（　　）。
　　A. 不能修改　　　　　　　　　　B. 直接修改
　　C. 先作废，后修改　　　　　　　D. 先取消审核再修改
98. 在 UFO 报表中用于选取其他表页单元数据的函数为（　　）。
　　A. SUM( )　　　　　　　　　　　B. SELE( )
　　C. TOTAL( )　　　　　　　　　　D. RELATION( )

二、多选题

1. 下列属于系统管理员操作权限的是（　　）。
　　A. 建立账套　　　　　　　　　　B. 分配操作员权限
　　C. 设置账套主管　　　　　　　　D. 年度账结转
2. 下列关于会计科目编码的描述，正确的有（　　）。
　　A. 会计科目编码必须采用全编码
　　B. 一级会计科目编码由财政部统一规定
　　C. 设计会计科目编码应从明细科目开始
　　D. 科目编码可以不用设定
3. 下列关于凭证审核和记账操作的说法，错误的有（　　）。
　　A. 凭证审核需先重新注册更换操作员，由具有审核权限的操作员来进行
　　B. 凭证只能逐张审核，不能成批审核
　　C. 记账操作每月可多次进行
　　D. 上月未记账，本月同样可以记账
4. 结账前要进行检查的内容包括（　　）。
　　A. 检查本月业务是否已全部记账如果有未记账凭证，则不能结账
　　B. 月末结转必须全部生成并已记账，否则本月不能结账
　　C. 检查上月是否已结账，如果上月未结账，则本月不能结账
　　D. 核对总账与明细账、主体账与辅助账、总账系统与其他子系统的数据是否已经一致，如果不一致，则不能结账

5. 用友报表系统中,报表公式定义包括(　　)。
   A. 计算公式　　　　　　　　　　B. 审核公式
   C. 舍位平衡公式　　　　　　　　D. 校验公式
6. 下列属于工资核算模块初始设置的是(　　)。
   A. 设置人员类别　　　　　　　　B. 设置工资类别
   C. 设置工资项目　　　　　　　　D. 工资数据计算
7. 在初始化建账套时,核算类型信息的输入中必须输入或选择的项目是(　　)。
   A. 本币代号　　　　　　　　　　B. 本币名称
   C. 企业类型　　　　　　　　　　D. 行业性质
8. 会计核算软件基本功能规范中对记账凭证的编号有以下(　　)规定。
   A. 同一类型的记账凭证必须保证当月凭证编号的连续
   B. 同一类型的记账凭证当月凭证编号可以不连续
   C. 不可以由键盘手工输入凭证编号
   D. 可以由会计核算软件自动产生凭证编号
9. 报表维护的基本功能有(　　)。
   A. 报表审核　　B. 报表备份　　C. 报表删除　　D. 报表恢复
10. 会计核算软件应具备初始化功能,应进行初始化的内容包括(　　)。
    A. 会计核算必需的会计科目编码、名称、年初数、累计发生数及有关数量指标
    B. 本期进行对账的未达账项
    C. 固定资产折旧方法、存货计价方法等会计核算方法的选定
    D. 操作人员姓名、权限、密码等岗位分工情况的设定
11. 固定资产子系统的特点包括(　　)。
    A. 数据量大,数据在计算机内保留时间长
    B. 数据处理的频率较低,数据处理方式比较简单
    C. 数据综合查询和统计要求较强,数据输出主要以报表形式提供
    D. 与成本核算子系统和账务处理子系统存在数据传递关系
12. 下列属于会计核算软件初始化的内容有(　　)。
    A. 岗位操作人员分工　　　　　　B. 输入本期未达账项
    C. 输入初期数字及有关资料　　　D. 输入上月漏登凭证
13. 固定资产系统预置的折旧方法有(　　)。
    A. 平均年限法　　　　　　　　　B. 工作量法
    C. 年数总和法　　　　　　　　　D. 双倍余额递减法
14. 会计核算单位常使用到的凭证类别有(　　)。
    A. 无分类别的记账凭证　　　　　B. 收款凭证、付款凭证、转账凭证
    C. 现金凭证、银行凭证、转账凭证　D. 现收、现付、银收、银付及转账凭证
15. 在 UFO 报表系统中的关键字主要有(　　)。
    A. 单位编号　　B. 单位名称　　C. 年份　　　　D. 季度
16. 填制凭证时,凭证正文包括的内容有(　　)。
    A. 摘要　　　　B. 科目　　　　C. 金额　　　　D. 附件数

17. 某账套的账套主管可以( )。
    A. 备份、恢复账套   B. 备份、恢复年度账
    C. 修改本账套用户权限   D. 执行账套的所有日常操作
18. 某账套的科目编码规则为"4222",下列( )科目编码设置一定错了。
    A. 1002SD   B. 301   C. 5003102   D. 1009-8
19. 通过设置"部门"辅助核算,可以实现( )。
    A. 按部门明细科目查询账目数据   B. 制作部门损益表
    C. 按部门分摊工资费用   D. 按部门分摊折旧
20. 如果要在填制凭证时自动提示输入现金流量项目,需要( )。
    A. 在科目设置中指定现金科目
    B. 在科目设置中自定义现金流量辅助核算
    C. 在科目设置中指定现金流量科目
    D. 在凭证控制中选"现金流量科目必须录现金流量项目"
21. 会计电算化中,下列( )情况一定不能进行总账的月末结账。
    A. 有未审核的记账凭证
    B. 启用了其他业务模块而其他业务模块未结账
    C. 有未记账的记账凭证
    D. 未进行期间损益结转
22. 总账模块中期末进行期间损益结转,必须先完成的工作是( )。
    A. 定义费用科目
    B. 定义损益科目及本年利润科目
    C. 本月各损益科目相关凭证均已审核并记账
    D. 根据记账结果输入各损益科目的结转凭证
23. 在账务处理系统进行科目设置时,设置的会计科目编码应( )。
    A. 符合会计制度规定   B. 编码必须唯一
    C. 符合级次级长要求   D. 编码只有两位
24. 用友报表系统中,下列是在数据状态下进行的操作是( )。
    A. 舍位平衡   B. 插入表页   C. 输入关键字   D. 整表重算
25. 会计核算软件打印输出的明细账应当提供的账簿形式有( )。
    A. 三栏账   B. 多栏账   C. 数量金额账   D. 订本账
26. 填制凭证时,确定科目的办法有( )。
    A. 可输入科目编码   B. 可输入科目名称
    C. 可输入助记码   D. 可选择输入
27. 报表处理子系统功能设计比较完整、全面,其优点在于( )。
    A. 可以完全提供会计报表编制、打印功能
    B. 使用起来比较繁琐,用户必须具备一定的专业知识,很难在短时间内被广大财务人员所接受
    C. 能够从相关的账务软件模块或其他核算模块中自动提取数据
    D. 可以进行报表数据的计算

28. 建立账套时需设置的信息包括( )。
    A. 设置账套信息   B. 设置凭证类别
    C. 设置启用日期   D. 输入期初余额

29. 固定资产核算系统除了具有系统初始化、维护、输出功能之外,还必须具有( )等功能。
    A. 科目汇总并输出总账   B. 处理固定资产的增减变动
    C. 固定资产的库存管理   D. 计提固定资产折旧并分配

30. 用友软件中,"银行存款"科目通常会选择( )辅助核算。
    A. 日记账   B. 银行账   C. 外币核算   D. 客户往来

31. 用友软件中,设置会计科目包括( )。
    A. 建立会计科目   B. 修改会计科目
    C. 删除会计科目   D. 指定会计科目

32. 用友软件中,关于账套主管的说法正确的是( )。
    A. 一个账套可以设定多个账套主管
    B. 账套主管自动拥有该账套的所有权限
    C. 一个账套可以不设定账套主管
    D. 账套主管是由系统管理员设定的

33. 用友软件中,填制凭证的功能通常包括( )。
    A. 增加凭证   B. 修改凭证   C. 删除凭证   D. 查询凭证

34. 日常业务处理的任务主要包括( )。
    A. 填制凭证   B. 审核凭证   C. 记账   D. 账簿查询

35. 基本会计核算账簿管理包括( )的查询及打印。
    A. 总账   B. 余额表   C. 明细账   D. 客户往来账

36. 下列关于会计科目的描述,错误的有( )。
    A. 要修改和删除某会计科目,应先选中该会计科目
    B. 科目一经使用,即已经输入凭证,则不允许修改或删除该科目
    C. 有余额的会计科目可直接修改
    D. 删除会计科目应从一级科目开始

37. 下列关于期初余额的描述,正确的有( )。
    A. 所有科目都必须输入期初余额
    B. 红字余额应输入负号
    C. 期初余额试算不平衡,不能记账,但可以填制凭证
    D. 如果已经记过账,则还可修改期初余额

38. 账页格式一般有( )。
    A. 金额式   B. 外币金额式   C. 数量金额式   D. 数量外币式

39. 在财务软件中,建立会计科目时,输入的基本内容包括( )。
    A. 科目编码   B. 科目名称   C. 科目类型   D. 账页格式

40. 设置基础档案,主要包括( )。
    A. 设置职员档案   B. 设置客户档案

C. 设置供应商档案 D. 设置部门档案

41. 凭证是账务系统最基本最重要的资料来源,其中下列（　　）属于计算机账务系统处理的凭证来源。
    A. 手工凭证　　　B. 机制凭证　　　C. 原始凭证　　　D. 派生凭证

42. 应收款系统的主要处理对象是（　　）。
    A. 销售发票　　　B. 应收单　　　C. 发货单　　　D. 收款单

43. 应付管理模块日常业务处理主要完成（　　）。
    A. 采购发票的录入与审核　　　B. 付款单的录入
    C. 核销处理　　　D. 转账处理

44. 应付款核销一般提供按照（　　）方式核销。
    A. 单据　　　B. 存货
    C. 核销是否生成凭证　　　D. 预付冲应付是否生成转账凭证

45. 在应收管理模块中,下列属于其转账处理的是（　　）。
    A. 预收冲应收　　　B. 应收冲应付
    C. 应付冲应付　　　D. 预付冲应付

46. 固定资产系统与账务系统的对账,主要是通过设置对账科目（　　）。
    A. 产品生成成本　　　B. 固定资产
    C. 累计折旧　　　D. 在建工程

47. 固定资产核算子系统中计算汇总的功能有（　　）。
    A. 对本月变动的固定资产卡片上的数据进行汇总
    B. 根据初始化中的定义计算折旧费用
    C. 自动制作相应种类的凭证
    D. 生成固定资产分类明细表

48. 成本核算系统下成本对象的设置主要是要定义（　　）。
    A. 人工折旧　　　B. 制造费用表　　　C. 折旧费用表　　　D. 辅助费用表

49. 下列属于会计科目设置的内容。
    A. 科目编码　　　B. 科目名称　　　C. 凭证类别　　　D. 辅助核算

50. 工资费用分摊项目一般包括（　　）。
    A. 应付工资　　　B. 应付福利费　　　C. 职工教育经费　　　D. 工会经费

51. 属于工资核算模块初始化设置的有（　　）。
    A. 部门设置　　　B. 工资项目设置
    C. 工资计算公式定义　　　D. 客户设置

52. 辅助账查询包括（　　）。
    A. 客户往来总账　　　B. 供应商往来明细账
    C. 个人往来明细账　　　D. 部门核算明细账

53. 支票购置时应登记的内容包括（　　）。
    A. 银行账号　　　B. 支票规则　　　C. 支票类型　　　D. 购置日期

54. 下列可能需要出纳签字的凭证有（　　）。
    A. 银行存款收款凭证　　　B. 库存现金付款凭证

C. 银行存款付款凭证　　　　　　D. 应收账款转账凭证

55. 关于凭证修改,下列选项中,正确的叙述有(　　)。
    A. 未审核的机内凭证,可以直接修改
    B. 已记账的凭证可采用红字冲销法进行更正
    C. 已审核的凭证如果能先取消审核可以再进行修改
    D. 已记账凭证可采用补充登记法进行更正

56. 编制记账凭证的方式包括(　　)。
    A. 手工编制完成记账凭证后录入计算机
    B. 根据原始凭证直接在计算机上编制记账凭证
    C. 由账务处理模块以外的其他业务子系统生成会计凭证数据
    D. 计算机自动填列记账凭证

三、判断题

1. 在应收款系统中,所有账龄区间都可以根据需要修改和删除。(　　)
2. 一个账套可以设定多个账套主管。(　　)
3. 删除会计科目应先删除上一级科目,然后再删除本级科目。(　　)
4. 输入期初余额时,上级科目的余额和累计发生数据需要手工输入。(　　)
5. 会计制度规定,审核与制单不能为同一人。(　　)
6. 填制凭证时,金额不能为"零",红字以" - "号表示。(　　)
7. 结账实际上就是指计算和结转各账簿的本期发生额和期末余额,并终止本期的账务处理工作。(　　)
8. 结账后仍能增加本月凭证。(　　)
9. 用友报表系统中,设置关键字是在格式状态下进行的。(　　)
10. 用友报表系统中,审核公式用于审核报表内或报表之间的勾稽关系是否正确。审核公式不是必须定义的。(　　)
11. 固定资产核算模块中,折旧分配表是制作记账凭证的依据。(　　)
12. 应收账款核销是指销售发票与出库单之间的核销。(　　)
13. 建立账套时,如果选择"是否按行业预置科目",则系统会自动建立企业所需的所有会计科目(　　)。
14. 用户设置的每一种外币,除了给出货币代码、名称、折算方式,小数位数之外,还应选定是固定汇率还是浮动汇率,并至少给出本期期初汇率。(　　)
15. 在会计软件中设置外币核算,只能选择固定汇率。(　　)
16. 会计业务活动中,应收/应付账款均为往来业务科目,因此,一般也称应收/应付账款的核算为往来账管理核算模块。(　　)
17. 在工资系统中设置银行档案的主要目的是银行对账。(　　)
18. 按照现行会计制度的规定,一级科目的位长需要设置为3位位长。(　　)
19. 为了使科目体系不致过于臃肿,只要年内没有发生额的科目都可以删除。(　　)
20. 红字冲销凭证不需要审核就可以记账。(　　)
21. 账务系统对其他系统生成的凭证也需要进行审核和记账,必要时还可以修改和删除。(　　)

22. 发现凭证有误,可随时删除或修改。(   )
23. 账套号是区别不同账套的唯一标识。(   )
24. 有数量辅助核算的科目在录入数量及单价后,余额仍需要操作员在借方栏目或贷方栏目内输入。(   )
25. 账套的会计期间定义中,某个会计月必须从月初开始到月末结束(   )。
26. 账套主管具有账套的所有日常操作权限,因而可以审核自己制作的记账凭证。(   )
27. 用友报表系统中,数值单元的内容只能通过计算公式计算生成。(   )
28. 在计算机总账系统中,银行对账的科目在科目设置时应定义为"银行账"辅助账类的科目性质。(   )
29. 记账工作由计算机自动进行数据处理,每月可多次进行。(   )
30. 业务量较少的单位可不进行凭证分类,即只设置"记账凭证"一种类别。(   )
31. 指定会计科目是指定出纳专管的科目。指定科目后,才能执行出纳签字,也才能查看现金或银行存款日记账。(   )
32. 所设置的操作员一旦被引用,仍可以被修改和删除。(   )
33. 用友报表系统中,报表数据处理一般是针对某一特定表页进行的。(   )
34. 用友报表系统中,用户可以根据自己的需要设置相应的关键字。(   )
35. 用友报表系统中,单元风格主要指的是单元内容的字体、字号、字型、对齐方式、颜色图案等。(   )
36. 会计年度终了进行结账时,会计核算软件应当提供在数据磁带、可卸硬磁盘等存储介质的强制备份功能。(   )
37. 会计核算软件可以任意划分会计期间,分期结算账目,这是会计核算软件灵活性的表现。(   )
38. 账务处理模块为报表等其他功能模块提供数据。(   )
39. 如果在账务处理系统对应收/应付核算,系统一方面提供应收/应付总账,另一方面还提供应收/应付辅助账。(   )
40. 工资系统中的部门档案、人员档案如果在账务系统中已经进行过设置,在工资系统中就不需要再次进行设置,而可以直接使用。(   )
41. 设置凭证类别时,可以限制不同类别凭证可以使用的科目,也可以规定不能使用的科目。(   )
42. 工资核算系统可以进行工资费用和"三费"等费用的分配设置,并自动根据设置产生转账凭证,传输到账务系统和成本系统。(   )
43. 在输入期初余额时,若某一会计科目涉及辅助核算,可以直接输入总账期初余额。(   )
44. 账务处理系统提供了按月和按日两种方式查询现金和银行存款日记账。(   )
45. 职工档案管理是工资核算子系统最基本的管理功能。(   )
46. 如果没有使用采购系统,则所有票据都必须在应付款系统输入。(   )
47. 固定资产系统在计提折旧的同时一般自动按使用状态生成折旧费用分配表。(   )

48. 结账前,操作员应检查有前费用是否已提取、分摊。(   )

49. 在报表编制的过程中,报表中各个单元填列数据的规律会随着会计期间的变化而变化。(   )

50. 在会计电算化条件下,在记账凭证未输入前,可直接输入原始凭证,由会计软件自动生成记账凭证。(   )

51. 谁调用填制凭证功能,就将谁的名字填写在制单人员栏内。(   )

52. 在编制报表时可以选择整表计算或表页重算,整表计算是将该表的所有表页全部进行计算,而表页重算仅是将该表页的数据进行计算。(   )

53. 固定资产系统每月结账后当期的数据还可以修改。(   )

54. 如果同时使用应付款与采购两个系统,则与采购有关的票据均应从应付款系统输入。(   )

55. 工资类别与职工类别是相同的概念。(   )

56. 登账后若发现凭证有错误,可通过取消登账和取消复核然后修改。(   )

57. 不管记账凭证编号是由手工输入还是自动产生,会计软件都应当确保凭证编号连续性。(   )

58. 后台凭证处理方式一般在会计业务量大,基础工作较好的单位实施。(   )

59. 在客户档案建立过程中,客户编码和客户名称必须输入,客户简称可输入也可不输入。(   )

60. 会计科目必须唯一,科目编码必须按其级次的先后顺序建立,科目编码用数字、英文字母等表示,可以使用@、空格等其他字符。(   )

61. 对于网络用户,如果是几个人同时制单时,真正的凭证号只有在凭证已经填制并经保存完毕后才给出的。(   )

62. 一般情况下,经过账务系统的记账后,固定资产核算系统才应该和账务系统进行对账。(   )

63. 在固定资产系统中如果系统允许定义折旧分配周期,则每个分配周期期末才生成折旧费用分配表。(   )

64. 工资系统的特点之一是工资结构的稳定性,因而系统的通用性强。(   )

65. 固定资产卡片表中的数据项是固定不变的。(   )

66. 输入凭证时,科目可以是最末明细科目,也可以是含明细的总账科目。(   )

67. 固定资产核算系统向成本核算系统提供的数据主要是固定资产的增加和减少数据,并据以计算产品成本。(   )

68. 固定资产核算软件是一个独立的软件,与其他财务软件毫无关系。(   )

69. 第一次使用工资管理模块必须将所有人员的基本工资数据录入计算机。(   )

70. 固定资产模块月末提供账表查询功能,根据不同标准对数据进行分类汇总,以满足各方面管理决策的需求。(   )

71. 资金日报表以月为单位,列示现金、银行存款科目当月累计借方发生额和贷方发生额,计算出当月的余额,并累计当月发生的业务笔数,对每月的资金收支业务、金额进行详细汇报。(   )

第四章 电子表格软件在会计中的应用

一、单项选择题

1. 某单位要统计各科室人员工资情况,按工资从高到低排序,若工资相同,则以工龄降序排列,以下做法正确的是(　　)。
   A. 关键字为"科室",次关键字为"工资",第三关键字为"工龄"
   B. 关键字为"工资",次关键字为"工龄",第三关键字为"科室"
   C. 关键字为"工龄",次关键字为"工资",第三关键字为"科室"
   D. 关键字为"科室",次关键字为"工龄",第三关键字为"工资"

2. 单击分类汇总工作表窗口左边的分级显示区中的按钮"1",实现的功能是(　　)。
   A. 显示列表中所有的详细数据
   B. 显示列表中列标题和总计结果
   C. 只显示列表中列标题和总计结果
   D. 什么都不显示

3. 以下各项,对 Excel 中的筛选功能描述正确的是(　　)。
   A. 按要求对工作表数据进行排序
   B. 隐藏符合条件的数据
   C. 只显示符合设定条件的数据,而隐藏其它
   D. 按要求对工作表数据进行分类

4. 使用记录单不能实现的操作是(　　)。
   A. 查找记录　　　B. 修改记录　　　C. 添加记录　　　D. 排序记录

5. 在 Excel 中,数据库的表现形式是(　　)。
   A. 工作簿　　　B. 工作表　　　C. 数据清单　　　D. 工作组

6. NOW 函数表示的是(　　)。
   A. 返回系统当前的日期和时间　　　B. 返回某日期对应的天数
   C. 返回某日期对应的月份　　　　　D. 返回某日期对应的年份

7. 统计成绩工作表中不及格人数,可以使用的函数是(　　)。
   A. COUNTIF　　　B. COUNT　　　C. SUMIF　　　D. LEN

8. (　　)是单元格的跨工作簿引用格式。
   A. sheet1！A5　　　　　　　　B. [book1]sheet1！A5
   C. sheet1.A5　　　　　　　　D. [book1]sheet1.A5

9. 当向 Excel 工作表单元格输入公式时,使用单元格地址D$2引用 D 列第 2 行单元格,该单元格的引用称为(　　)。
   A. 交叉地址引用　　　　　　　B. 混合地址引用
   C. 相对地址引用　　　　　　　D. 绝对地址引用

10. 关于公式的运算次序说法,不正确的是( )。
    A. 对于只由一个运算符或者多个优先级次相同的运算符构成的公式,Excel将按照从左到右的顺序自动进行运算
    B. 对于由多个优先级次不同的运算符构成的公式,Excel则将自动按照公式中运算符优先级次从高到低进行运算
    C. 为了改变运算优先顺序,应将公式中需要最先计算的部分使用一对中括号括起来
    D. 公式中左右小圆括号的对数超过一对时,Excel将自动按照从内向外的顺序进行计算

11. 下列属于联合运算符的是( )。
    A. *   B. ,   C. :   D. =

12. 下列关于锁定单元格的表述中,错误的是( )。
    A. 锁定单元格可以使单元格的内容不能被修改
    B. 使用"锁定单元格"功能必须启用保护工作表功能
    C. 使用"锁定单元格"功能可以选择是否启用保护工作表功能
    D. 锁定单元格的操作步骤为启用保护工作表;选定需要保护的单元格或单元格区域,依次单击"开始"、"单元格"、"格式"和"锁定单元格",完成保护单元格设置

13. 下列快捷键表示全选的是( )。
    A. Ctrl + C   B. Ctrl + V   C. Ctrl + A   D. Ctrl + X

14. 在Excel中输入分数时,最好以混合形式(0? /?)方式输入,以免与( )格式相混。
    A. 日期   B. 货币   C. 数值   D. 文本

15. 在Excel中,文字数据默认的对齐方式是( )。
    A. 左对齐   B. 右对齐   C. 居中对齐   D. 两端对齐

16. 如果某单元格显示为若干个"#"号(如########),这表示( )。
    A. 公式错误   B. 数据错误   C. 行高不够   D. 列宽不够

17. 可以切换当前单元格状态的功能键是( )。
    A. "F3"   B. "F2"   C. "F4"   D. "F9"

18. 关于已有的Excel文件方式启动Excel软件的操作,不能实现建立一个新的空白工作簿的是( )。
    A. 通过快捷键"Ctrl + N"
    B. 通过快捷键"Ctrl + S"
    C. 执行"文件——新建"菜单命令,选定其中的空白工作簿模板
    D. 单击工具栏中的"新建"按钮

19. 下列快捷键可以打开Excel文件的是( )。
    A. "Ctrl + O" B. "Ctrl + F4" C. "Ctrl + W" D. "Ctrl + S"

20. ( )默认位于菜单栏的下方,由一系列与菜单选项命令具有相同功能的按钮组成。
    A. 工具栏   B. 标题栏   C. 菜单栏   D. 编辑区

21. 下列属于任务窗口包括的内容的是（　　）。
    A. 公式　　　　　　B. 数据　　　　　　C. 审阅　　　　　　D. 剪贴画
22. 下列不属于Excel2003中用户界面的组成部分的是（　　）。
    A. 标题栏　　　　　B. 菜单栏　　　　　C. 工具栏　　　　　D. 功能区
23. 由名称框、取消输入按钮、确认输入按钮、插入函数按钮和编辑栏构成的是（　　）。
    A. 菜单栏　　　　　B. 编辑区　　　　　C. 工作表区　　　　D. 任务窗格
24. 在Excel中，光标处在C4地址中，说明该光标位于工作表（　　）。
    A. 第C行，第4列　　　　　　　　　　B. 第4行，第3列
    C. 第3行，第4行　　　　　　　　　　D. 第2列，第3行
25. Excel程序的退出可通过快捷键（　　）执行。
    A. Alt + F4　　　　B. Ctrl + C　　　　C. Ctrl + V　　　　D. Ctrl + X
26. Excel2007中，每个工作簿默认含有（　　）张工作表。
    A. 1　　　　　　　B. 2　　　　　　　C. 3　　　　　　　D. 无数

二、多项选择题

1. Excel数据清单的筛选可以通过（　　）形式实现。
   A. 快速筛选　　　　B. 高级筛选　　　　C. 自定义排序　　　D. 查找
2. 下列属于数据透视表的值的汇总依据有（　　）。
   A. 方差　　　　　　B. 乘积　　　　　　C. 计数　　　　　　D. 平均值
3. 如果记录单中某个字段不能修改，有关原因下列说法不正确的有（　　）。
   A. 该字段中的内容是一个公式　　　　B. 该字段中的内容的格式不对
   C. 该字段中的内容是错误的　　　　　D. 该字段中的单元格设置为隐藏
4. 属于基本财务函数的有（　　）。
   A. SLN　　　　　　B. DDB　　　　　　C. SYD　　　　　　D. LOOKUP
5. 不属于日期与时间函数的有（　　）。
   A. YEAR　　　　　B. MONTH　　　　　C. SLN　　　　　　D. DDB
6. 求工作表中A1到A6单元格中数据的和可用（　　）公式。
   A. SUM（A1：A6）　　　　　　　　　B. SUM（A1，A6）
   C. A1 + A2 + A3 + A4 + A5 + A6　　　D. SUM（A1，A2，A3，A4，A5，A6）
7. 关于单元格的引用类型，正确的有（　　）。
   A. 可以采用相对引用方式
   B. 可以采用绝对引用方式
   C. 一张工作表中只能采用相对引用或者绝对引用其中一种引用方式
   D. 可以采用混合引用方式
8. Excel中的算术运算符有（　　）。
   A. *　　　　　　　B. /　　　　　　　C. ^　　　　　　　D. &
9. 当单元格右下角出现黑色十字形的填充柄时，可以填充（　　）。
   A. 相同的数据　　　　　　　　　　　B. 具有一定规律的数据
   C. 可以指定填充序列的类型　　　　　D. 可以向上、下、左、右四个方向填充

10. Excel 文件的修改包括（　　）。
    A. 修改单元格内容　　　　　　　　B. 增删单元格和行列
    C. 调整单元格和行列的顺序　　　　D. 增删工作表和调整工作表顺序

11. 下列重命名工作表的操作正确的有（　　）。
    A. 单击工作表标签,然后输入新名称
    B. 右键单击工作表标签,选取快捷菜单中的"重命名"命令,然后输入新名称
    C. 选取"格式"菜单"工作表"命令,再选取"重命名"子命令,然后输入新名称
    D. 双击工作表标签,然后输入新名称

12. 下列关于单元格的说法,正确的有（　　）。
    A. 在由多个连续的单元格组成的单元格区域中,所有单元格均为活动单元格
    B. 所有活动单元格的名称都应显示在名称框中
    C. 当前的单元格不一定是活动单元格
    D. 活动单元格、当前单元格和当前活动单元格以外的单元格,均被称为未被激活的非活动单元格

13. EXCEL 中,选取大范围区域,先单击区域左上角的单元格,将鼠标指针移到区域的右下角,然后（　　）。
    A. 按"Shift"键,同时单击对角单元格
    B. 按"Shift"键,同时用方向键拉伸欲选区域
    C. 按"Ctrl"键,同时单击单元格
    D. 按"Ctrl"键,同时双击对角单元格

14. 下列属于电子表格软件的主要功能有（　　）。
    A. 建立工作簿　　　　　　　　B. 管理数据
    C. 实现数据网上共享　　　　　D. 制作图表

15. 在 Excel 中,通过（　　）可以将整个工作表全部选中。
    A. 单击全选框　　　　　　　　　　B. Ctrl + A
    C. "编辑"菜单中的"全选"命令　　D. "视图"菜单中的"全选"命令

三、判断题

1. Excel 中分类汇总后的数据清单不能再恢复原工作表的记录。（　　）
2. 对汉字的排序只能使用"笔画顺序"。（　　）
3. 数据清单又称数据记录单,是快速添加、查找、修改或删除数据清单中相关记录的对话框。（　　）
4. 数据清单中的每一列的数据属性可以不同。（　　）
5. 在 Excel 中,计算工作表 C2～C5 数值的平均数,使用的函数是 SUM（C2：C5）。（　　）
6. 函数其实是一些预定定义的公式,它们使用一些称为参数的特定数值按特定的顺序或结构进行计算。（　　）
7. 如果公式使用的是相对引用,公式记忆的是源数据所在单元格引用源数据的单元格的绝对位置。（　　）
8. 跨工作表单元格引用时,必须加上工作表名和"!"号。（　　）

9. 如果要使复制公式时数据源的位置不发生改变,应当使用相对引用。(   )
10. Excel 中,乘方"^"的运算级次优先于乘"×"。(   )
11. 如果公式使用的是相对引用,公式记忆的是源数据所在单元格引用源数据的单元格的绝对位置。(   )
12. Excel 中,若在某单元格内输入 3 除以 8 的计算结果,可输入 3/8。(   )
13. 对于设置权限密码的 Excel 文件,如果输入的密码不正确,输入十次以上文件会自动打开。(   )
14. 在编辑状态下,按"Backspace"键可以逐一删除光标后面的字符。(   )
15. 在 Excel 中,可以通过快捷键"Ctrl + O"打开文件。(   )
16. 在 Excel 2003 中,每张工作表包含 256 列、65536 行。(   )
17. Excel 2007 中,每张工作表由 1048576 行和 16384 列组成。(   )
18. 在 Excel 2013 中,[汇总表]销售!$B$4 是合法的单元格引用。(   )
19. 填充柄可以将某单元格的内容快速复制到与其相邻的上下左右任一方向的单元格中。(   )
20. 有公式的单元格处于编辑状态时,单元格里显示经公式计算的结果.与所对应编辑栏显示等号" = "及其运算体和运算符的内容不一致。(   )

第二部分 实务操作题

项目一 初始设置

1. 创建新账套。账套名称"高博科技有限公司",账套启用会计日期为"2015-1-1"。该企业的记账本位币为"人民币(RMB)",执行"新会计准则企业会计制度",按行业性质预置会计科目。

视频解析1

2. 新建账套,账套名称"森宇制衣有限公司",账套启用会计日期为"2015-1-1"。该企业的记账本位币为"人民币(RMB)",执行"新会计准则企业会计制度",按行业性质预置会计科目。

视频解析2

3. 操作员:系统主管;操作日期:2015-10-31;创建新账套,账套名称"三木贸易有限公司";执行"小企业会计准则"的会计制度;本位币名称:欧元;本位币编码:EUR。启用会计期间:"2015-10-31"。

视频解析3

4. 应收账款期初余额录入。操作员:黄洁;操作日期:2015年1月1日;单位:鼎新科技有限公司;金额:50 000元。

视频解析4

5. 设置往来单位信息。操作员:黄洁;操作日期:2015年1月1日。
(1) 客户:代码102,名称C公司;
(2) 供应商:代码002,名称D公司。

视频解析5

6. 操作员:黄洁;操作日期:2015-1-1。设置外汇币种及汇率,要求如下:
(1) 币种编码:USD;(2) 币种名称:美元;(3) 币种小数位:2;(4) 折算方式:原币*汇率=本位币;(5) 2015年1月1日当日汇率为6.2。

视频解析6

7. 操作员:郑雪花;操作日期:2015-1-31。设置外汇币种及汇率,要求如下:
(1) 币种编码:EUR;(2) 币种名称:欧元;(3) 币种小数位:2;(4) 折算方式:原币÷汇率=本位币。

视频解析7

8. 操作员:黄洁;操作日期:2015-1-31。增加部门档案,信息如下:
(1) 部门编码:11;(2) 部门名称:技术部。

视频解析8

9. 操作员:郑雪花;操作日期:2015年1月30日。增加地区档案,信息如下:
(1) 地区编码:05;(2) 地区名称:西北区。

视频解析9

10. 操作员：系统主管；操作日期：2015-2-5。新增付款方式，要求如下：
(1) 付款方式编码：08；(2) 付款方式名称：现金支票；(3) 进行票据管理：需要。

视频解析10

11. 操作员：黄洁；操作日期：2015年1月31日。新增付款条件，要求如下：
(1) 付款条件编码：04；(2) 付款条件名称：B60D；(3) 到期日期(天)：60；(4) 优惠日10,折扣率3%；(5) 优惠日20,折扣率2%；(6) 优惠日40,折扣率1%。

视频解析11

12. 操作员：黄洁；操作日期：2015-1-31。新增供应商，信息如下：
(1) 单位编码：005；(2) 单位名称：天成贸易有限公司；(3) 折扣：95%。

视频解析12

13. 操作员：黄洁；操作日期：2015-2-1。新增供应商往来单位，信息如下：
(1) 单位编码：106；(2) 单位名称：红星印刷有限公司；(3) 付款条件：现金。

视频解析13

14. 操作员：黄洁；登陆日期：2015-1-1。增加相应的会计科目，要求如下：
(1) 会计科目编码：1403-01；(2) 会计科目名称：甲材料；(3) 数量核算,计量单位：KG。

视频解析14

15. 操作员:黄洁;操作日期:2015年1月1日。增加相应的会计科目。要求如下:
(1)科目编码:2221-01-05;(2)科目名称:转出未交增值税。

视频解析15

16. 操作员:黄洁;操作日期:2015年1月31日。修改会计科目,将科目编码为1122的辅助核算修改为"单位",多币种核算修改为"核算所有币种"。

视频解析16

17. 操作员:系统管理员;操作日期:2015年1月1日。增加操作员并设置对应操作权限。要求如下:
(1)操作员:刘洋;(2)口令:333;(3)权限:账务处理、工资管理。

视频解析17

18. 操作员:系统管理员;操作日期:2015年6月31日。设置操作员"刘洋"具有【系统管理】、【固定资产】和【账务管理】的权限。

视频解析18

19. 操作员:黄洁;操作日期:2015-2-1。设置职员信息,信息如下:
(1)职员编码:123;(2)职员名称:汪小泉;(3)职员性别:男;(4)所属部门:一车间;(5)职员类型:临时工。

视频解析19

20. 操作员：黄洁；操作日期：2015 年 1 月 1 日。设置凭证类别，要求如下：
（1）凭证字：［收］；（2）名称：收款凭证；（3）借方必有：库存现金或银行存款。

视频解析 20

21. 操作员：黄洁；操作日期：2015 年 1 月 1 日。设置凭证类别，要求如下：
（1）凭证字：［付］；（2）名称：付款凭证；（3）贷方必有：应付账款或应交税费。

视频解析 21

项目二　总　账

22. 填制凭证。操作员：黄洁；操作日期 2015 年 1 月 28 日。2015 年 1 月 25 日，向 B 公司销售库存商品一批，不含税销售额 1 000 元，增值税税额 170 元，款项以现金收取。

　　借：库存现金　　　　　　　　　　　　　　　　　　　　　　　　1 170
　　　　贷：主营业务收入　　　　　　　　　　　　　　　　　　　　　1 000
　　　　　　应交税费——应交增值税（销项税额）　　　　　　　　　　　170

视频解析 22

23. 填制凭证。操作员：郑雪花；登陆日期：2015-1-31。2015年1月27日，生产领用A材料200KG，单价300元，用于生产产品。

  借：生产成本   60 000
   贷：原材料——A材料   60 000

视频解析23

24. 填制凭证。操作员：黄洁；操作日期：2015年1月31日。2015年1月28日，办公室招待客户，以工行支票支付消费金额1 000元（支票号：005），摘要：支付招待费。

视频解析24

25. 填制凭证。操作员：黄洁；操作日期：2015年3月31日。销售部张天天出差预借差旅费3 500元，以现金支付。

  摘要：预借差旅费。
  借：其他应收款   3 500
   贷：库存现金   3 500

视频解析25

26. 填制凭证。操作员：黄洁；操作日期：2015年2月5日。2015年2月1日，收回红星公司所欠货款6 000元，以转账支票（票号：004）方式已存入工行。

视频解析26

27. 填制凭证。操作员：黄洁；操作日期：2015-1-31。2015年1月25日，以银行工行存款25 000取得一项交易性金融资产，确定该资产的入账价值为25 000元。

视频解析27

28. 填制凭证。操作员：黄洁；操作日期：2015-1-31。2015年1月28日，开出工行转账支票一张（票号003），缴纳上月未交增值税3 000元。

视频解析28

29. 填制凭证，操作员：黄洁；操作日期：2015年2月25日。2015年2月21日，从工商银行提现20 000元。

视频解析29

30. 填制凭证。操作员：黄洁；操作日期：2015-2-28。2015年2月23日，收回红星公司所欠货款80 000元，以转账支票（票号：004）方式存入工行。

视频解析30

31. 填制凭证。操作员：郑雪花；操作日期：2015-1-31。2015年1月28日，按工资比例2.5%计提销售人员职工教育经费为5 000元。

视频解析31

32. 填制凭证。操作员：黄洁；操作日期：2015-2-28。计提本月所得税9 800元。

视频解析32

33. 填制凭证。操作员：黄洁；操作日期：2015-3-31。3月21日，经批准,将上期期末盘亏存货5 000元转做管理费用。

视频解析33

34. 填制凭证。操作员：黄洁；操作日期：2015-1-31。1月31日,期末盘盈存货(A材料)2 000元,原因尚未查明。

视频解析34

35. 修改凭证。操作员：黄洁；操作日期：2015年1月31日。2015年1月18日,将收款第0001号凭证的贷方科目"预收账款"的往来单位辅助项修改为"信恒电子有限公司"。

视频解析35

36. 删除凭证。操作员：黄洁,登录日期为2015-1-31。销售给"信恒电子有限公司"产品的转账凭证操作有误需删除,即删除"转字0006"号转账凭证。

视频解析36

37. 凭证复核。凭证字号:转0003号。由黄洁审核,登陆日期2015-1-31。

视频解析37

38. 凭证记账。操作员:顾主管;操作日期:2015年1月31日。对2015年1月转0005号转账凭证进行记账。

视频解析38

39. 结账。操作员:系统主管;操作日期:2015年1月31日。将本月账套进行结账操作。

视频解析39

项目三　工　资

40. 操作员:黄洁;操作日期:2015年1月31日。设置管理人员工资表的工资项目,要求如下:

(1)项目名称:岗位津贴;(2)数据类型:数字;(3)数据长度:12;(4)小数位数:2。

视频解析40

41. 操作员：黄洁,操作日期 2015 年 1 月 31 日。录入工资基础数据并重新计算,工资数据如下：

职员编号	人员姓名	所属部门	基本工资	物价补贴	事假天数
501	李丽	销售人员	3 500	400	1
502	刘程	销售人员	3 000	400	
503	张宏伟	销售人员	3 000	400	2

视频解析 41

42. 生成工资凭证。操作员：郑雪花；操作日期：2015 年 1 月 31 日。2015 年 1 月份生成工资凭证。

视频解析 42

43. 在"1 月份工资表中"设置计算公式。
（1）交通费 = 300；
（2）应发合计 = 基本工资 + 奖金 + 交通费；
（3）扣款合计 = 病假扣款 + 事假扣款 + 代扣税费；
（4）实发 = 应发合计 – 扣款合计。

视频解析 43

项目四 应收应付

44. 录入应收单。制单人：郑雪花；操作日期：2015 年 1 月 26 日。编制收款单据：2015 年 1 月 26 日,销售部李明向红星公司销售金额 5 000 元,增值税 850 元,付款条件 30D。

视频解析 44

45．录入应收单。制单人：郑雪花；操作日期：2015年2月5日。编制收款单据：2015年2月5日，销售部刘海洋向天宇公司销售金额6 500元，增值税900元，付款条件：60D。

视频解析45

46．录入应收单。制单人：郑雪花；操作日期：2015年1月15日。编制收款单据：2015年1月15日，天宇公司欠货款75 000元，请录入应收单。

视频解析46

47．录入应收单。制单人：郑雪花；操作日期：2015年1月25日。编制收款单据：1月25日，销售部李明向科锐电子公司销售产品一批，总价12 000元，尚未收回货款，请录入应收单。付款条件：30D。

视频解析47

48．根据应收单生成应收凭证。操作员：郑雪花；操作日期：2015年1月31日。将0001号应收单生成应收凭证。

视频解析48

49．录入应付单。制单人：黄洁；操作日期：2015年1月21日，编制付款单据：2015年1月21日，采购部潘明宇向天海公司购买商品金额10 000元，增值税1 700元，已入库，付款条件：30D。

视频解析49

50. 录入应付单。制单人：黄洁；操作日期：2015年1月23日。编制付款单据：1月23日，由于采购乙材料(已入库，数量：200，单价：300元)，欠天海公司货款60 000元，增值税率17%，请录入应付单。

视频解析50

51. 录入应付单。制单人：黄洁；操作日期：2015年1月25日。编制付款单据：1月25日，采购部李明向江海公司购买商品25 000元，增值税3 500元，已入库，付款条件：60D。

视频解析51

52. 录入应付单。制单人：黄洁；操作日期：2015年1月28日。编制付款单据：1月28日，由于采购B材料(已入库)，欠科锐电子有限公司货款17 000元。

视频解析52

53. 根据应付单生成应付凭证。操作员：郑雪花；操作日期：2015年1月31日。查询付款单据0001号并生成凭证。

视频解析53

项目五 固定资产

54. 增加固定资产变动方式。操作员：黄洁；操作日期：2015年1月31日。固定资产变动方式编码：07；固定资产变动方式名称：投资转出；变动类型：减少固定资产。

视频解析54

55. 增加固定资产变动方式。操作员：黄洁；操作日期：2015年1月1日。增加固定资产的变动方式。变动类型：增加；变动方式编码：02；增加方式：投资转入；对应入账科目：实收资本。

视频解析55

56. 修改固定资产变动方式。操作员：郑雪花；操作日期：2015-2-20。修改固定资产编码为01的变动方式对应入账科目凭证科目：银行存款（1002）；凭证摘要：购入固定资产。

视频解析56

57. 录入固定资产原始卡片。操作员：黄洁；操作日期：2015年1月31日。

资产类别：办公设备

卡片编号：2002

资产编号：BG04

资产名称：投影仪

使用状态：使用中

变动方式：购入

折旧费用科目：管理费用——折旧费

币别：人民币

原币金额：20 000

开始使用时间：2013－10－11

预计使用期间：4年

折旧方法：平均年限法

净残值：500

使用部门：行政部

视频解析57

58. 新增固定资产类别。操作员：黄洁；操作日期：2015年1月1日。代码：001；名称：工程设备；使用年限：10年；净残值率：5%；折旧方法：平均年限法。

视频解析58

59. 新增固定资产类别。操作员：黄洁；操作日期：2015年2月10日。固定资产类别编码：10；固定资产类别名称：其他；折旧方法：年数总和法；预计使用年限：10年。

视频解析59

60. 增加固定资产。操作员：黄洁；操作日期：2015年1月31日。
资产类别：办公设备资产
卡片编号：009
资产编号：QC01
资产名称：打印机
使用状况：使用中
变动方式：购入
折旧费用科目：管理费用——折旧费
币别：人民币
原币金额：1 200
开始使用时间：2015-1-15
预计使用期间：8年
折旧方法：平均年限法
使用部门：销售部

视频解析60

61. 增加固定资产。操作员：黄洁；操作日期：2015年1月31日。
资产类别：办公设备
卡片编号：003
资产编号：DN03
资产名称：联想电脑
使用状态：使用中
变动方式：购入
折旧费用科目：管理费用——折旧费
币别：人民币
原币金额：5 500
开始使用时间：2015-12-1
预计使用期间：5年
折旧方法：平均年限法
使用部门：办公室

视频解析61

62. 固定资产减少。操作员：郑雪花；操作日期：2015年1月30日。固定资产卡片中编码为MC01的1台车床报废。减少日期：2015-1-30；减少方式：报废。

63. 固定资产减少。操作员：郑雪花；操作日期：2015年2月15日。固定资产卡片中编码为MC03的1台打印机报废。减少日期：2015-2-1

64. 固定资产凭证。操作员：郑雪花；操作日期：2015-1-31，生成固定资产增减凭证，将资产编号为1002的新增的固定资产进行生成凭证处理。

65. 固定资产凭证。操作员：黄洁；操作日期：2015年1月31日。选择卡片编号为0001的固定资产变动单，生成记账凭证。

项目六　报　表

66. 新建空白报表。设置B列列宽为30，并以"6月利润表.srp"为文件名保存在"C：\考生文文件"下。

67. 新建报表。完成以下操作后,以"1月份余额表.srp"为名称保存在"C:\考生文文件"下。

(1) 合并 A1 至 D1 单元格,并输入文字"余额表"

(2) 设置 A1 单元格中的文字为"黑体,12 号字"

视频解析 67

68. 打开考生文件夹(C:\考生文件夹)下的"资产负债表-01.srp",完成下列操作后,将报表以原文件名进行保存。判断并设置 C17 单元格的计算公式。

视频解析 68

69. 打开考生文件夹(C:\考生文件夹)下的"资产负债表-07.srp",完成下列操作后,将报表以原文件名进行保存。利用本表单元格间的勾稽关系,计算 F34 单元格的公式。

视频解析 69

70. 打开考生文件夹(C:\考生文件夹)下的"资产负债表-01.srp",完成下列操作后,将报表以原文件名进行保存。利用本表单元格间的勾稽关系,并设置 E28 单元格的计算公式。

视频解析 70

71. 打开考生文件夹(C：\考生文件夹)下的"资产负债表-01.srp",完成下列操作后,将报表以原文件名进行保存。判断并设置 B36 和 C36 单元格的计算公式。

视频解析 71

72. 打开考生文件夹(C：\考生文件夹)下的"利润率-简表01.srp",完成下列操作后,将报表以原文件名进行保存。判断并设置 B15 和 B19 单元格的计算公式。

视频解析 72

73. 打开考生文件夹(C：\考生文件夹)下的"利润率-简表01.srp",完成下列操作后,将报表以原文件名进行保存。判断并设置 B21 和 C21 单元格的计算公式。

视频解析 73

第三部分　综合练习

综合练习(一)

一、单项选择题(本题共 10 小题,每小题 1 分,共 10 分。每小题备选答案中,只有一个符合题意的正确答案。多选、错选、不选均不得分。)

1. 会计软件及相关文档资料应保管至该软件停止使用或者重大更改后(　　)年。
   A. 2　　　　　　　　　　　　　　B. 3
   C. 5　　　　　　　　　　　　　　D. 10

2. 通用报表操作流程一般是(　　)。
   A. 设计报表——定义报表——定义框架——修饰报表——设置打印参数
   B. 设计报表——定义框架——修饰报表——定义数据——设置打印参数
   C. 设计报表——定义框架——定义数据——修饰报表——设置打印参数
   D. 设计报表——修饰报表——定义框架——定义数据——设置打印参数

3. 会计科目编码如此定义:一级为 3 位,二级为 3 位,三级为 2 位,四级为 2 位,请问编码 5210011009 表示的是(　　)级代码。
   A. 四　　　　　　　　　　　　　　B. 三
   C. 五　　　　　　　　　　　　　　D. 六

4. 实行电算化后,部分会计核算的管理方法需要修改,因此下列说法不正确的是(　　)。
   A. 会计科目要保留汉字会计科目名称
   B. 一级会计科目编码要符合会计制度要求
   C. 现金、银行日记账应采用订本式账页
   D. 发生业务多的账簿,可满页打印

5. 使用总账系统填制凭证时,制单人签字(　　)。
   A. 由系统根据进入本功能时输入的操作员姓名自动输入
   B. 由操作员利用键盘输入
   C. 由审核员利用键盘输入
   D. 由电算主管利用键盘输入

6. RAM 的中文名称是(　　)。
   A. 随机存取存储器　　　　　　　　B. 顺序存取存储器
   C. 只读存储器　　　　　　　　　　D. 只写存储器

7. 在固定资产管理系统的卡片中,能够唯一确定每项资产的数据项是(　　)。
   A. 资产名称　　　　　　　　　　　B. 资产编号
   C. 类别编号　　　　　　　　　　　D. 规格型号

8. 将高级语言编写的程序翻译成机器语言程序,采用的两种翻译方式是(　　)。
   A. 编译和解释　　　　　　　　　　B. 编译和汇编
   C. 编译和链接　　　　　　　　　　D. 解释和汇编
9. (　　)是用于管理、操纵和维护计算机各种资源并使其正常高效运行的软件。
   A. 操作系统　　　　　　　　　　　B. 语言处理程序
   C. 支撑服务程序　　　　　　　　　D. 数据库管理系统
10. 在软件生命周期法中,(　　)阶段完成系统的正常运行、硬件和软件的维护以及系统评价。
    A. 系统调查　　　　　　　　　　　B. 系统设计
    C. 调试测试　　　　　　　　　　　D. 运行维护

二、多项选择题(本题共10小题。每小题2分,共20分。每小题备选答案中,有两个或两个以上符合题意的正确答案。多选、少选、错选均不得分。)

11. 使用总账系统开始建账时,以下说法正确的有(　　)。
    A. 可自由定义科目代码长度和科目级次
    B. 可根据需要增加、删除或修改会计科目,并具有科目封存功能
    C. 应录入开始使用总账系统时各科目的余额
    D. 应定义会计期间
12. 下列有关会计核算软件的叙述,正确的有(　　)。
    A. 会计核算软件以会计理论和会计方法为核心,以会计制度为依据
    B. 会计核算软件以管理和控制计算机系统资源的运行为任务
    C. 会计核算软件以计算机技术为基础,以会计数据为处理对象
    D. 会计核算软件以提供会计信息为目标
13. 下列属于操作系统软件的有(　　)。
    A. Word　　　　　　　　　　　　B. Dos
    C. Windows　　　　　　　　　　 D. Unix
14. 实行会计电算化时,严格的硬件、软件操作管理制度的主要内容包括(　　)。
    A. 制定岗位责任制度
    B. 制定档案管理制度
    C. 会计数据和会计核算软件安全保密的措施
    D. 保证机房设备安全和电子计算机正常运转的措施
15. 财政部门管理会计电算化的基本任务包括(　　)。
    A. 制定会计电算化发展规划并组织实施
    B. 加强会计核算软件管理,对会计核算软件及生成的会计资料是否符合国家统一的会计制度情况进行监督
    C. 组织开展会计电算化人才培训
    D. 加强会计电算化管理制度的建设
16. 固定资产的明细分类核算是通过设置(　　)进行的。
    A. 年数据初始化　　　　　　　　　B. 固定资产卡片
    C. 固定资产登记簿　　　　　　　　D. 部门定义

17. 审核人员在审核记账凭证时,( )。
    A. 应当审核附件张数与原始凭证的张数是否一致
    B. 应当审核凭证的科目对应关系和金额是否正确
    C. 应当审核摘要是否准确、简明和规范
    D. 发现凭证的错误应由审核人员立即进行修改

18. 应收账款系统初始化必须录入期初数据,这些数据往往要按单据种类分别录入,其中主要单据有( )。
    A. 应付票据   B. 销售发票
    C. 应收单   D. 预收单

19. 当账务处理录入凭证过程中,在下列( )情况下,系统对当前编制的凭证不予认可。
    A. 某一行记录只有借方金额
    B. 一行记录中既有借方金额也有贷方金额
    C. 某一行记录只有贷方金额
    D. 借方金额合计和贷方金额合计不相等

20. 局域网络的硬件一般由( )等组成。
    A. 网络服务器   B. 工作站
    C. 网络接口卡   D. 集线器

三、判断题(本类题共10小题,每小题1分,共10分。对于下列说法,认为正确的选A,错误的选B。不答、错答不得分也不扣分)

21. CPU 和 RAM 不是计算机的外部设备。( )
    A. 正确   B. 错误

22. 计算机出现喇叭无故蜂鸣、尖叫、报警或演奏某种音乐时说明计算机一定感染了计算机病毒。( )
    A. 正确   B. 错误

23. 工资核算系统初始化中的部门编码、职工类型和编码是必需的内容。( )
    A. 正确   B. 错误

24. 在报表中字符型数据的单元都是固定单元,而数值型数据的单元往往都是变动单元。( )
    A. 正确   B. 错误

25. 输入科目期初余额时,上级科目的余额和累计发生额均需要输入。( )
    A. 正确   B. 错误

26. 定义自动转账凭证是在初始化系统中自动完成的。( )
    A. 正确   B. 错误

27. 小规模单位会计人员可以同时担任操作员、电算维护员,但应单独设置出纳员岗位。( )
    A. 正确   B. 错误

28. 通用会计核算软件功能多,因而软件质量往往不高。( )
    A. 正确   B. 错误

29. 会计报表软件的工作流程可分为四步,即报表格式及数据处理公式设置、报表名称登记、报表编制、报表输出。( )

    A. 正确   B. 错误

30. 登账后若发现凭证有错误,可通过取消登账和取消复核然后修改。( )

    A. 正确   B. 错误

四、实务操作题(本类题共 15 小题,每小题 4 分,共 60 分。)

1. 创建新账套。账套名称"高博科技有限公司",账套启用会计日期为"2015-1-1"。该企业的记账本位币为"人民币(RMB)",执行"新会计准则企业会计制度"。按行业性质预置会计科目。

2. 操作员:系统主管;操作日期:2015-10-31 创建新账套,账套名称"三木贸易有限公司",执行"小企业会计准则"的会计制度,本位币名称"欧元",本位币编码(EUR),启用会计期间:"2015-10-31"。

3. 设置往来单位信息。操作员:黄洁;操作日期:2015 年 1 月 1 日。
   (1)客户:代码:002,名称:C 公司;(2)供应商:代码:002,名称:D 公司。

4. 操作员:郑雪花;操作日期:2015-1-31。设置外汇币种及汇率,要求如下:
   (1)币种编码:EUR;(2)币种名称:欧元;(3)币种小数位:2;(4)折算方式:原币÷汇率=本位币。

5. 操作员:郑雪花;操作日期:2015 年 1 月 30 日。增加地区档案,信息如下:
   (1)地区编码:05;(2)地区名称:西北区。

6. 操作员:黄洁;操作日期:2015 年 1 月 31 日。新增付款条件,要求如下:
   (1)付款条件编码:04;(2)付款条件名称:B60D;(3)到期日期(天):60;(4)优惠日 10,折扣率 3%;(5)优惠日 20,折扣率 2%;(6)优惠日 40,折扣率 1%。

7. 填制凭证。操作员:黄洁;操作日期 2015 年 1 月 28 日。2015 年 1 月 25 日,向 B 公司销售库存商品一批,不含税销售额 1 000 元,增值税税额 170 元,款项以现金收取。

   借:库存现金   1 170
      贷:主营业务收入   1 000
          应交税费——应交增值税(销项税额)   170

8. 填制凭证。操作员:黄洁;操作日期:2015 年 1 月 31 日。2015 年 1 月 28 日,办公室招待客户,以工行支票支付消费金额 1 000 元,(支票号:005),摘要:支付招待费。

9. 填制凭证。操作员:黄洁;操作日期:2015 年 2 月 5 日。2015 年 2 月 1 日,收回红星公司所欠货款 6 000 元,以支票(票号:004)方式已存入工行。

10. 操作员:黄洁;操作日期:2015 年 1 月 31 日。录入工资基础数据并重新计算,工资数据如下:

职员编号	人员姓名	所属部门	基本工资	岗位津贴	事假天数
001	刘海洋	行政部	3 500	1 000	
002	宋雪芳	财务部	3 000	1 500	
003	张一鸣	采购部	3 000	800	2

11. 录入应收单。制单人:郑雪花;操作日期:2015 年 1 月 26 日。编制收款单据:2015 年 1 月 26 日,销售部李明向红星公司销售金额 5 000 元,增值税 850 元,付款条

件：30D。

12. 录入应付单，制单人：黄洁；操作日期：2015年1月21日。编制付款单据：2015年1月21日，采购部潘明宇向天海公司购买商品金额10 000元，增值税1 700元，已入库，付款条件：30D。

13. 增加固定资产变动方式。操作员：黄洁；操作日期：2015年1月31日。固定资产变动方式编码：07；固定资产变动方式名称：投资转出；变动类型：减少固定资产。

14. 新建空白报表，设置B列列宽为160，并以"6月利润表.srp"为文件名保存在"C：\考生文件"下。

15. 打开考生文件夹(C：\考生文件夹)下的"资产负债表-01.srp"，完成下列操作后，将报表以原文件名进行保存。判断并设置C17单元格的计算公式。

综合练习(二)

一、单项选择题(本类题共 10 小题,每小题 1 分,共 10 分。每小题备选答案中,只有一个符合题意的正确答案,多选、错选、不选均不得分。)

1. Excel 中,对数据列表进行"筛选"操作的结果是(　　)。
   A. 按指定条件保留若干记录.其余记录被隐藏
   B. 按指定条件保留若干字段.其余字段被删除
   C. 按指定条件保留若干字段.其余字段被隐藏
   D. 按指定条件保留若干记录.其余记录被删除

2. 下列选项中,不属于会计信息系统按其功能和管理层次高低分类的是(　　)。
   A. 现代会计信息系统　　　　　　B. 会计管理信息系统
   C. 会计决策支持系统　　　　　　D. 会计核算系统

3. 在会计报表中,(　　)设置的目的是保证报表数据的正确性以及报表的合法性。
   A. 取数公式　　　　　　　　　　B. 报表计算公式
   C. 报表取舍公式　　　　　　　　D. 报表审核公式

4. 账务处理模块是以(　　)为数据处理起点。
   A. 凭证　　　　B. 报表　　　　C. 单据　　　　D. 账簿

5. 下列各种键盘中,随 Windows 95 操作系统流行的是(　　)。
   A. 86 键键盘　　　　　　　　　　B. 87 键键盘
   C. 101 键和 104 键键盘　　　　　D. 83 键键盘

6. 下列不属于计算机网络功能的是(　　)。
   A. 资源共享　　　　　　　　　　B. 数据通信
   C. 各资源主机之间分担负荷　　　D. 与他人交换磁盘

7. ERP 的功能,可概括为服务于(　　)。
   A. 企业的全面管理活动　　　　　B. 企业的会计管理活动
   C. 企业的财务管理活动　　　　　D. 企业的销售管理活动

8. 统计函数 count(valuel,value2,…)用于(　　)的计算。
   A. 单元格个数
   B. 求绝对值
   C. 求平方根
   D. 包含数字的单元格以及参数列表中数字的个数

9. ERP 在会计电算化中指(　　)。
   A. 管理信息系统　　　　　　　　B. 制造资源规划
   C. 企业资源计划　　　　　　　　D. 专家系统

10. 下列不属于应付管理模块对采购发票具有的功能是( )。
    A. 删除 B. 新增 C. 修改 D. 复制

二、**多项选择题**(本类题共 10 小题,每小题 2 分,共 20 分。每小题备选答案中。有两个或两个以上符合题意的正确答案,多选、少选、错选、不选均不得分。)

11. 工资核算的特点有( )。
    A. 政策性要求严格　　　　　　　　B. 采用适当的方法支付职工工资
    C. 及时性、准确性要求高　　　　　D. 工资计算重复性强、数据量大

12. 企业定制开发会计软件的方式主要有( )。
    A. 企业自行开发　　　　　　　　　B. 购买通用会计软件
    C. 委托外部单位开发　　　　　　　D. 企业与外部单位联合开发

13. 下列属于凭证录入内容的有( )。
    A. 金额　　　　B. 会计科目　　　　C. 摘要　　　　D. 制单人

14. 现代信息技术手段能够实现便捷地( )和应用会计信息,为企业经营管理、控制决策和经济运行提供充足、实时、全方位的信息。
    A. 获取　　　　B. 加工　　　　　　C. 传递　　　　D. 存储

15. 下列函数中为统计函数的有( )。
    A. AVERAGE　　　　　　　　　　　B. SUMIF
    C. AVERAGEIF　　　　　　　　　　D. ISLOGICAL

16. 下列属于应收管理模块中坏账处理的有( )。
    A. 坏账回收　　　　　　　　　　　B. 设置账龄区间
    C. 坏账准备计提　　　　　　　　　D. 坏账发生

17. 下列符合会计软件基本要求的有( )。
    A. 会计软件应当保障企业按照国家统一会计准则制度开展会计核算,不得有违背国家统一会计准则制度的功能设计
    B. 会计软件应当具有符合国家统一标准的数据接口,满足外部会计监督需要
    C. 会计软件应当记录生成用户操作日志,确保日志的安全、完整
    D. 会计软件应当提供符合国家统一会计准则制度的会计凭证、账簿和报表的显示和打印功能

18. 下列属于单机硬件结构优点的有( )。
    A. 使用简单.配置成本低　　　　　B. 一致性好
    C. 输入速度高　　　　　　　　　　D. 数据共享程度高

19. 会计报表按输出方式的不同,通常分为( )等类型。
    A. 屏幕查询输出　　　　　　　　　B. 图形输出
    C. 磁盘输出　　　　　　　　　　　D. 网络传送

20. Excel 中数据的排序方法有( )。
    A. 快速排序　　　　　　　　　　　B. 自定义排序
    C. 手工排序　　　　　　　　　　　D. 拖动排序

三、判断题(本类题共 10 小题,每小题 1 分,共 10 分。对于下列说法,认为正确的选 A,错误的选 B。不答、错答不得分也不扣分。)

21. 在账务处理系统中,对计算机记账凭证的审核是由输入该凭证的人员兼管的。（　　）

  A. 正确　　　　　　　　　　　　　　B. 错误

22. 不管记账凭证编号是由手工输入还是自动产生的,会计软件都应当确保凭证编号的连续性。（　　）

  A. 正确　　　　　　　　　　　　　　B. 错误

23. 结账后,上一会计期间的会计凭证即不能再输入。（　　）

  A. 正确　　　　　　　　　　　　　　B. 错误

24. 结账工作由计算机自动进行数据处理,每月可多次进行。（　　）

  A. 正确　　　　　　　　　　　　　　B. 错误

25. 一般来说,中小企业选择会计电算化所需软件的合理做法是本单位自行开发软件。（　　）

  A. 正确　　　　　　　　　　　　　　B. 错误

26. 操作员的密码和操作权限都应该由操作员自己设置和更新。（　　）

  A. 正确　　　　　　　　　　　　　　B. 错误

27. 在工资管理系统中,应先设置工资计算公式,再进行工资项目设置。（　　）

  A. 正确　　　　　　　　　　　　　　B. 错误

28. 内存储器简称为内存,一般又称为主存储器或主存。由于内存储器直接与 CPU 进行数据交换,所以它的存取数据的速度比外存储器要快得多。（　　）

  A. 正确　　　　　　　　　　　　　　B. 错误

29. 设置固定资产控制参数时,如果确定不计提折旧,也可以操作账套内与折旧有关的功能。（　　）

  A. 正确　　　　　　　　　　　　　　B. 错误

30. 系统初始化的目的是把商品化通用会计软件变成适合本单位使用的专用会计软件。（　　）

  A. 正确　　　　　　　　　　　　　　B. 错误

四、实务操作题(本类题共 15 小题,每小题 4 分,共 60 分。)

31.（操作员:苏会计;账套:201 账套;操作日期:2015 年 1 月 31 日）

2015 年 1 月 8 日,办公室杨兰用现金购买办公用品 3 000 元,请填制记账凭证。

32.（操作员:李主管;账套:501 账套;操作日期:2015 年 1 月 31 日）

修改并设置工资项目。

工资表名:1 月份工资表

项目名称:岗位工资

类型:数字

长度:12

小数:2

33. (操作员:刘主管;账套:101账套;操作日期:2015年1月1日)
设置往来单位的地区选项。
地区编码:11
地区名称:华北地区

34. (操作员:赵主管;账套:301账套;操作日期:2015年1月31日)
选择单据号为0002(单据类型为应收借项)的应收单,生成凭证。

35. (操作员:苏会计;账套:201账套;操作日期:2015年1月31日)
2015年1月28日,按工资比例2.5%计提销售人员职工教育经费5 000元,请填制记账凭证。

36. (操作员:刘主管;账套:101账套;操作日期:2015年1月31日)
2015年1月22日,从银行取得长期借款500 000元,款项已存入银行,请填制记账凭证。

37. 新建账套,要求如下:
(1) 账套名称:天娱科技有限公司
(2) 采用的会计准则:企业会计准则
(3) 科目预置:生成预设科目
(4) 本位币编码:EUR
(5) 本位币名称:欧元
(6) 账套启用时间:2015-01-01

38. 打开报表平台,设置报表格式并保存文件。
打开考生文件夹下的"管理费用明细表-1.srp"报表,设置A1单元格的文字为"黑体",16号字,A1单元格内容修改为"2015年管理费用明细表"。

39. 打开报表平台,设置报表格式并保存文件。
打开考生文件夹下的"利润表-1.srp"报表,设置B列的列宽为80。

40. (操作员:刘主管;账套:101账套;操作日期:2015年1月1日)
设置往来单位的地区选项。
地区编码:12
地区名称:国外

41. (操作员:赵主管;账套:301账套;操作日期:2015年1月31日)
选择单据号为0003(单据类型为应收借项)的应收单,生成凭证。

42. (操作员:苏会计;账套:201账套;操作日期:2015年1月31日)
2015年1月23日,管理部门用现金支付业务招待费3 000元,请填制记账凭证。

43. (操作员:张主管;账套:101账套;操作日期:2015年1月1日)
设置账套的凭证类型.其中现收的凭证类型设置如下:
编码:现收
名称:现金收款凭证
格式:收款凭证
借方必有科目:1001

44. 新建账套。账套信息如下。

账套名称：东方信息技术有限公司
会计准则：小企业会计准则
本位币：人民币
启用会计期间：2015-01-01

45.（操作员：张主管；账套：206 账套；操作日期：2015 年 1 月 31 日）
将已审核的付款凭证第 0009 号记账。
将已审核的转账凭证第 0006 号记账。

综合练习(三)

一、**单项选择题**(本类题共 10 小题,每小题 1 分,共 10 分。每小题备选答案中,只有一个符合题意的正确答案,多选、错选、不选均不得分。)

1. 在 Excel 2013 中空白工作簿的缺省扩展名为( )。
   A. .xls   B. .doc   C. .ppt   D. .xlsx
2. 在单元格中输入公式时,编辑栏上的"√"按钮表示( )操作。
   A. 取消   B. 拼写检查   C. 函数向导   D. 确认输入
3. 通用会计软件和自行开发的会计软件相比优点是( )。
   A. 通用性差,维护量大   B. 成本高,开发水平低
   C. 维护费小,购置成本高   D. 通用性强,成本低
4. 与数据备份相反的操作过程是( )。
   A. 数据处理   B. 数据修改   C. 数据分析   D. 数据还原
5. 打开"查找与替换"对话框"替换"标签的快捷键是( )。
   A. "Ctrl"和"F"   B. "Ctrl"和"D"
   C. "Ctrl"和"H"   D. "Ctrl"和"V"
6. Excel 中,在选择命令后会出现对话框的选项是( )。
   A. 粘贴   B. 剪切
   C. 复制   D. 选择性粘贴
7. 下列不能通过设置公式自动生成凭证的是( )。
   A. 工资费用分配   B. 工会经费
   C. 发放工资   D. 职工教育经费
8. 下列不属于会计科目设置内容的是( )。
   A. 科目余额   B. 是否外币核算
   C. 是否辅助核算   D. 是否数量核算
9. 下列属于我国 XBRL 开始发展的领域的是( )。
   A. 生产领域   B. 行政领域
   C. 证券领域   D. 流通领域
10. "会计电算化"一词在我国诞生于( )年。
    A. 1990   B. 1981
    C. 1970   D. 1971

二、**多项选择题**(本类题共 10 小题,每小题 2 分,共 20 分。每小题备选答案中,有两个或两个以上符合题意的正确答案,多选、少选、错选、不选均不得分。)

11. 黑客通常采用( )等方式作为典型的攻击方式。
    A. 密码破解   B. 探测漏洞

C. 系统漏洞 D. 端口扫描

12. 会计软件和服务的规范中,鼓励软件供应商采用( )等方式为用户提供实时技术支持。

   A. 呼叫中心 B. 在线客服
   C. 实时 D. 分时

13. 在会计电算化方式下,许多会计核算工作基本实现了自动化,但仍需人工完成的工作有( )。

   A. 会计数据的汇总 B. 会计数据的输入
   C. 会计数据的收集 D. 会计数据的审核

14. 下列属于不规范网络操作的有( )。

   A. 使用来历不明的硬盘或者 U 盘
   B. 下载被病毒感染的文件或软件
   C. 接收被感染的电子邮件
   D. 浏览不安全网页

15. 下列有关 XBRL 优势的表述,正确的有( )。

   A. 使财务数据具有更广泛的可比性
   B. 增加资料在未来的可读性与可维护性
   C. 降低数据采集成本.提高数据流转及交换效率
   D. 帮助数据使用者更快捷方便地调用、读取和分析数据

16. 会计软件中执行银行对账功能的具体步骤包括( )。

   A. 银行对账初始数据录入 B. 本月银行对账单录入
   C. 结账 D. 银行存款余额调节表的编制

17. 选择会计核算软件时应注意的问题有( )。

   A. 所选软件的技术指标是否能够满足需要
   B. 会计软件的功能是否能充分满足和保证企事业单位的特殊需求
   C. 售后服务的质量
   D. 是否有同类企业已成功地运用了该种软件

18. 为防止硬盘上的会计数据丢失或损坏,下列操作正确的有( )。

   A. 定期将硬盘数据备份到其他存储介质上
   B. 定期打印重要的账簿和报表数据
   C. 将数据加密
   D. 以上都不对

19. 下列属于安全使用会计软件的有( )。

   A. 密码和权限管理不当
   B. 定期打印备份重要的账簿和报表数据
   C. 严格管理账套使用权限
   D. 严格管理软件版本升级

20. 下列描述符合会计电算化含义的有( )。

   A. 会计电算化应用程度涵盖应用计算机处理会计业务的广度、深度,以及会计业

务与计算机技术结合的程度

B. 概括地说,会计电算化就是以计算机替代手工记账

C. 单位会计电算化的最终目标是实现整个会计核算工作与会计分析决策工具的电算化

D. 计算机在会计工作中开发应用的阶段,一般包括规划阶段、系统建立阶段和电算化后的组织与管理阶段

三、判断题(本类题共 10 小题,每小题 1 分,共 10 分。对于下列说法,认为正确的选 A,错误的选 B。不答、错答不得分也不扣分。)

21. 在客户机/服务器(C/S)结构模式下,服务器是实现系统功能的核心部分,且客户端维护工作量少。( )

  A. 正确   B. 错误

22. 显示器是输出设备。( )

  A. 正确   B. 错误

23. Excel 中,在单元格中输入数字时,缺省的对齐方式是左对齐。( )

  A. 正确   B. 错误

24. 当输入的公式中含有其他单元格的数值时,为了避免重复输入费时甚至出错,可以移动点击输入数值所在单元格的地址(即引用单元格的数值)。( )

  A. 正确   B. 错误

25. 黑客可以利用扫描计算机与外界通信的端口,搜索到计算机的开放端口并进行攻击。( )

  A. 正确   B. 错误

26. Excel 中,在单元格中输入文本型数据,可以先输入西文" ' "作为前导符。( )

  A. 正确   B. 错误

27. 在账务处理系统中,会计科目存在总账和下属明细账科目时,删除总账科目,其下属明细账不被删除。( )

  A. 正确   B. 错误

28. 计算机网络是在统一的网络协议控制下,将地理位置分散的独立的计算机系统连接在一起。( )

  A. 正确   B. 错误

29. BASIC 是一种汇编语言,计算机可以直接识别用它编写的程序。( )

  A. 正确   B. 错误

30. 建立账套时,如果选择"是否按行业预置科目",则系统会自动建立企业所需的所有会计科目。( )

  A. 正确   B. 错误

四、实务操作题(本类题共 15 小题,每小题 4 分,共 60 分。)

31. (操作员:张主管;账套:202 账套;操作日期:2015 年 1 月 31 日)

设置工资发放范围。

由于管理部刘剑锋入职,修改"1 月份工资表"的工资发放范围。

32. (操作员:李主管;账套:102 账套;操作日期:2015 年 1 月 1 日)

设置职员档案：

职员编码：101

职员姓名：李飞

职员性别：男

职员所属部门：办公室

职员类型：管理人员

33.（操作员：王出纳；账套：205 账套；操作日期：2015 年 1 月 31 日）

将收款凭证的第 0001 号凭证进行出纳签字。

34.（操作员：李会计；账套：103 账套；操作日期：2015 年 1 月 31 日）

2015 年 1 月 17 日，由于采购 A 材料（已入库），欠福星电子有限公司货款 17 000 元，请录入应付单。

应付科目：2202 金额：17 000 元

对方科目：1403—01 金额：17 000 元

35.（操作员：张主管；账套：101 账套；操作日期：2015 年 1 月 1 日）

增加操作员：

编号	姓名	口令
01	刘海洋	333
02	郑雪梅	555

36.（操作员：张主管；账套：101 账套；操作日期：2015 年 1 月 1 日）

设置外汇币种及汇率，要求如下：

(1) 币种编码：EUR

(2) 币种名称：欧元

(3) 币种小数位：2

(4) 折算方式：原币×汇率＝本位币

37.（操作员：李会计；账套：201 账套；操作日期：2015 年 1 月 31 日）

2015 年 1 月 15 日，以银行存款上缴已计提的尚未支付的城市维护建设税 10 000 元，教育附加费 5 000 元，请填制记账凭证。

38.（操作员：王主管；账套：602 账套；操作日期：2015 年 1 月 31 日）

固定资产减少。

卡片编号：0010

资产编号：2001

固资名称：戴尔电脑

固资类别：专用设备

使用状态：未使用

减少方式：盘亏

减少日期：2015－01－18

原值：8 000 元

累计折旧：3 000 元

使用部门：办公室

折旧费用科目：6602—01 折旧费

折旧方法：年数总额法

预计使用年限：6 年

39.（操作员：刘主管；账套：101 账套；操作日期：2015 年 1 月 1 日）

新增固定资产类别。

固定资产类别编码：5

固定资产类别名称：电子产品及通信设备

折旧方法：年数总和法

预计使用年限：10 年

40.（操作员：系统主管；账套：101 账套；操作日期：2015 年 1 月 1 日）

新增会计科目。

科目编码：6602—03

科目名称：水电费

辅助核算：部门

部门名称：办公室

41.（操作员：王主管；账套：601 账套；操作日期：2015 年 1 月 31 日）

设置固定资产变动方式。

固资变动方式编码：16

固资变动方式名称：正常报废

变动类型：减少固定资产

42.（操作员：赵主管；账套：301 账套；操作日期：2015 年 1 月 31 日）

选择单据号为 0001（单据类型为应付贷项）的应付单，生成凭证。

43.（操作员：刘主管；账套：101 账套；操作日期：2015 年 1 月 1 日）

修改会计科目。

将科目编码为 1122 的科目辅助核算修改为"单位"，多币种核算修改为"核算所有币种"。

44.（操作员：张主管；账套：205 账套；操作日期：2015 年 1 月 31 日）

在"1 月份工资表"中设置工资计算方式。

扣款合计：病假扣款＋事假扣款＋代扣税额＋医疗保险＋养老保险

实发合计：应发合计＋扣款合计

45.（操作员：王主管；账套：601 账套；操作日期：2015 年 1 月 31 日）

新增固定资产。

卡片编号：0004

资产编号：1001

固资名称：液晶电视

固资类别：通用设备

使用状态：使用中

增加方式：购入
原值：8 000 元
预计净残值：100 元
增加日期：2015 – 01 – 10
使用部门：办公室
折旧费用科目：平均年限法
预计使用年限：5 年

综合练习(四)

一、**单项选择题**(本类题共 10 小题,每小题 1 分,共 10 分。每小题备选答案中,只有一个符合题意的正确答案,多选、错选、不选均不得分。)

1. 以下说法正确的是(   )。
   A. 运算器是整个计算机的指挥中心
   B. 控制器主要负责加减乘除运算和逻辑判断
   C. 存储器是指计算机系统中具有记忆能力的部件,用来存放程序和数据
   D. 电脑中的中央处理器主要是由运算器和存储器构成
2. 下列不属于报表输出方式的是(   )。
   A. 打印输出   B. 网络传送
   C. 数据生成   D. 图形输出
3. 下列不属于工资管理模块期末处理的是(   )。
   A. 工资分摊   B. 工资表输出
   C. 工资表查询   D. 期末结账
4. 下列不属于非规范化操作的是(   )。
   A. 未按照正常操作规范运行软件   B. 期末未按时结账
   C. 密码与权限管理不当   D. 会计档案保存不当
5. 购买通用会计软件的缺点主要是(   )。
   A. 成本高   B. 见效慢
   C. 维护没有保障   D. 软件针对性不强
6. 企业能将分散的数据统一汇总到会计软件中进行集中处理,是因为(   )在会计电算化中的广泛应用。
   A. 信息   B. 计算机指令
   C. 计算机网络   D. 数据
7. 会计软件不得提供对已记账凭证关键信息的修改功能,下列不属于记账凭证关键信息的是(   )。
   A. 日期   B. 金额
   C. 操作人   D. 摘要
8. 下列不属于应收管理模块初始化工作的基础信息设置内容的是(   )。
   A. 会计科目   B. 账龄区间
   C. 对应科目的结算方式   D. 票据处理
9. 下列对于广域网的描述,错误的是(   )。
   A. 广域网络一般要租用专线
   B. 广域网络通过接口信息处理协议和线路连接起来,构成网状结构,解决寻径问题

C. 广域网地理的距离一般不超过 10 千米

D. 广域网的覆盖范围可以是一个国家或多个国家.甚至整个世界

10. 企业应当促进(　　)与业务信息系统的一体化,通过业务的处理直接驱动会计记账。

  A. 决策支持系统　　　　　　　　B. 管理信息系统
  C. ERP 系统　　　　　　　　　　D. 会计信息系统

二、多项选择题(本类题共 10 小题,每小题 2 分,共 20 分。每小题备选答案中。有两个或两个以上符合题意的正确答案,多选、少选、错选、不选均不得分。)

11. 凡是具备相对独立完成会计数据输入、处理和输出功能模块的软件,如(　　)等均可视为会计核算软件。

  A. 账务处理软件　　　　　　　　B. 固定资产核算软件
  C. 工资核算软件　　　　　　　　D. 销售量预测软件

12. 在 Excel 中,利用填充功能可以方便地实现(　　)的填充。

  A. 等差数列　　B. 等比数列　　C. 多项式　　D. 方程组

13. 下列属于应付管理模块中转账处理的有(　　)。

  A. 应付冲应付　　　　　　　　　B. 预付冲应付
  C. 预付冲应收　　　　　　　　　D. 应付冲应收

14. 下列软件,不属于系统软件的有(　　)。

  A. 语言处理程序　　　　　　　　B. 操作系统
  C. 网络通信软件　　　　　　　　D. 统计软件

15. 下列属于出纳管理的工作有(　　)。

  A. 现金日记账的管理　　　　　　B. 资金日报表的管理
  C. 支票管理　　　　　　　　　　D. 银行对账

16. 会计电算化包括(　　)在计算机中的应用。

  A. 管理会计　　　　　　　　　　B. 财务会计
  C. 财务管理　　　　　　　　　　D. 预算会计

17. 会计报表的结构一般可以分为(　　)。

  A. 标题　　　　B. 表头　　　　C. 表体　　　　D. 表尾

18. 下列不属于固定资产模块期末处理业务的有(　　)。

  A. 固定资产减少　　　　　　　　B. 计提折旧
  C. 固定资产变动　　　　　　　　D. 对账

19. Excel 编辑区的功能有(　　)。

  A. 显示当前单元格的名字
  B. 显示当前单元格的内容
  C. 取消或确认本次输入的数据或公式
  D. 进行数据处理

20. 有线网传输数据的物理媒体包括(　　)。

  A. 同轴电缆　　B. 双绞线　　　C. 光纤　　　　D. 微波

三、判断题(本类题共 10 小题,每小题 1 分,共 10 分。对于下列说法,认为正确的选 A,错误的选 B。不答、错答不得分也不扣分。)

21. 科目设置的内容有科目编码、科目名称、科目类型、余额方向、辅助核算设置。（　　）

　　A. 正确　　　　　　　　　　　　B. 错误

22. 编码符号能唯一地确定被标识的对象。（　　）

　　A. 正确　　　　　　　　　　　　B. 错误

23. 会计报表中的数据都可直接用会计科目的余额或发生额填列。（　　）

　　A. 正确　　　　　　　　　　　　B. 错误

24. COUNT 函数和 COUNTIF 函数功能一样,可以任意使用。（　　）

　　A. 正确　　　　　　　　　　　　B. 错误

25. 会计数据处理的一般流程包括会计数据收集或录入、会计数据存储、会计数据处理和会计信息报告或输出。（　　）

　　A. 正确　　　　　　　　　　　　B. 错误

26. ERP 软件是指专门用于会计核算、财务管理的计算机软件、软件系统或者其功能模块。（　　）

　　A. 正确　　　　　　　　　　　　B. 错误

27. 按击快捷键"Ctrl + F4".能够只关闭当前文件,其他处于打开状态的 Excel 文件仍处于打开状态。（　　）

　　A. 正确　　　　　　　　　　　　B. 错误

28. 凭证输入人员发现自己登记的某笔业务有错误不能够立即修改,只能审核以后进行修改。（　　）

　　A. 正确　　　　　　　　　　　　B. 错误

29. 在会计软件中,显示器既可以显示用户在系统中输入的各种命令和信息,也可以显示系统生成的各种会计数据和文件。（　　）

　　A. 正确　　　　　　　　　　　　B. 错误

30. 工资核算系统在月末结账时,会自动将每月均发生变化的工资项目清零。（　　）

　　A. 正确　　　　　　　　　　　　B. 错误

四、实务操作题(本类题共 15 小题,每小题 4 分,共 60 分。)

31. （操作员：刘主管；账套：101 账套；操作日期：2015 年 1 月 31 日）

2015 年 1 月 30 日,以银行存款 110 000 元取得一项交易性金融资产,确定该资产的入账价值为 8 000 元。

32. （操作员：王主管；账套：601 账套；操作日期：2015 年 1 月 31 日）

设置固定资产变动方式。

固资变动方式编码：06

固资变动方式名称：投资者投入

33. （操作员：李主管；账套：501 账套；操作日期：2015 年 1 月 31 日）

在"管理人员工资表"中,录入以下员工的考勤数据。

职员姓名	事假	病假
刘洋	2	
张宏民	1	2
郑兰		5

34.（操作员：刘主管；账套：101账套；操作日期：2015年1月1日）

新增付款方式。

付款方式编码：03

付款方式名称：商业承兑汇票

进行票据管理：需要

35.（操作员：顾主管；账套：202账套；操作日期：2015年1月31日）

复核转账凭证第0003号。

复核收款凭证第0001号。

36. 打开报表平台，设置报表公式。

打开考生文件夹下的"资产负债表－B2.srp"，完成下列操作后，将报表以源文件名进行保存。判断并设计单元格B36和C36的计算公式。

37.（操作员：李主管；账套：501账套；操作日期：2015年1月31日）

管理部刘海洋的病假天数修改为2天，请重新计算"管理人员"工资表数据。

38. 打开报表平台，设置报表格式并保存文件。

打开考生文件夹下的"资产负债表－1.srp"报表，合并A1：F1单元格。

39.（操作员：刘主管；账套：201账套；操作日期：2015年1月31日）

2015年1月20日，以中国工商银行存款支付销售A商品应负担的运输费60 000元，请填制记账凭证。

40.（操作员：王出纳；账套：205账套；操作日期：2015年1月31日）

将收款凭证的第0003号凭证取消出纳签字。

41.（操作员：苏会计；账套：201账套；操作日期：2015年1月31日）

2015年1月4日，支付销售网点的展览费6 000元，中国工商银行转账支票号码104，请填制记账凭证。

42.（操作员：李会计；账套：101账套；操作日期：2015年1月1日）

2015年1月1日，铜峰电子有限公司欠货款351 000元；请录入应收单。

摘要：应收所欠货款

应收科目：1122；金额：351 000元

对方科目：6001；金额：300 000元

对方科目：2221—01—01；金额：51 000元

43.（操作员：张主管；账套：101账套；操作日期：2015年1月1日）

设置账套的凭证类型，其中银收凭证类型设置如下：

编码：银收

名称：银行收款凭证

格式：收款凭证

借方必有科目：1002

44．（操作员：李主管；账套：501 账套；操作日期：2015 年 1 月 31 日）

将"1 月份工资表"生成记账凭证。

选择公式：1 月份工资表．实发合计

设置科目：贷方科目：2211—01 工资；借方科目：5001—01 工资

45．（操作员：苏会计；账套：201 账套；操作日期：2015 年 1 月 31 日）

2015 年 1 月 3 日．将多余的库存现金 10 000 元存入中国工商银行，请填制记账凭证。

综合练习(五)

一、单项选择题(本类题共 10 小题,每小题 1 分,共 10 分。每小题备选答案中,只有一个符合题意的正确答案,多选、错选、不选均不得分。)

1. 下列不属于会计信息系统的网络组成部分的是(　　)。
   A. 客户机　　　　　B. 服务器　　　　　C. 网络连接设备　　D. 监控器
2. 下列操作属于不严格管理账套使用权限的是(　　)。
   A. 两名会计人员使用一个账号和相同密码
   B. 在离开电脑时,必须立即退出会计软件
   C. 对账套使用权限进行严格设置和管理
   D. 用户不能随便让他人使用电脑
3. 操作系统的作用是(　　)。
   A. 将源程序编译为目标程序
   B. 进行目录管理
   C. 对硬件直接监管、管理各种计算机资源
   D. 实现软硬件功能的转换
4. 查看公式中某一步的运算结果后,将数值结果恢复为公式需要按击(　　)。
   A. F9　　　　　　　B. "Ctrl + "　　　　C. "Ctrl + Z"　　　　D. "Ctrl + S"
5. 会计软件不必提供(　　)项目查询功能。
   A. 会计科目　　　　　　　　　　　　　B. 会计凭证
   C. 会计账簿　　　　　　　　　　　　　D. 会计核算方法
6. 默认位于工具栏的下方用来显示当前单元格的名字和当前单元格的内容、取消或确认本次输入的数据或公式的区域是(　　)。
   A. 编辑区　　　　　B. 功能区　　　　　C. 状态栏　　　　　D. 工作表区
7. 在输入记账凭证过程中,会计核算软件必须提供提示功能,但其中不包括(　　)。
   A. 转账凭证借贷双方没有"库存现金"或"银行存款"科目
   B. 记账凭证有借方科目而无贷方科目,或者有贷方科目而无借方科目
   C. 收款凭证借方科目不是"库存现金"或"银行存款"科目
   D. 付款凭证贷方科目不是"库存现金"或"银行存款"科目
8. 计算机病毒是指(　　)。
   A. 有错误的计算机程序　　　　　　　　B. 不完善的计算机程序
   C. 一种生物体　　　　　　　　　　　　D. 破坏计算机功能的计算机程序
9. 在 Excel 中,在记录单的右上角显示"3/30",其意义是(　　)。
   A. 当前记录是第 3 号记录　　　　　　　B. 当前记录单仅允许 30 个用户访问
   C. 您是访问当前记录单的第 3 个用户　　D. 当前记录是第 30 号记录

10. 下列功能模块中,为成本管理模块提供人工费资料的是( )。
　　A. 工资管理　　　　　　　　　　B. 固定资产管理
　　C. 应收管理　　　　　　　　　　D. 应付管理

二、多项选择题(本类题共10小题,每小题2分,,共20分。每小题备选答案中。有两个或两个以上符合题意的正确答案,多选、少选、错选、不选均不得分。)

11. 感染计算机病毒的主要症状有( )。
　　A. 系统异常重新启动
　　B. 系统经常无故发生死机现象
　　C. 文件的日期、时间、属性、大小等发生变化
　　D. 程序或数据丢失.或文件损坏

12. 下列变动事项,需要对固定资产卡片内容进行改动的有( )。
　　A. 市场价格大幅下跌　　　　　　B. 固定资产使用寿命改变
　　C. 固定资产折旧方法调整　　　　D. 固定资产原值变动

13. 固定资产管理模块日常处理内容有( )。
　　A. 固定资产变动　　　　　　　　B. 固定资产减少
　　C. 生成记账凭证　　　　　　　　D. 固定资产增加

14. 广义的会计电算化包括的内容有( )。
　　A. 会计电算化软件的开发与应用　B. 会计电算化人才的培养
　　C. 会计电算化的宏观规划　　　　D. 会计电算化的制度建设

15. 用"选择性粘贴"命令可以有选择地粘贴剪贴板的内容有( )。
　　A. 格式　　　B. 公式　　　C. 批注　　　D. 数值

16. 下列具有与成本管理模块进行数据传递的功能有( )。
　　A. 生产模块　　　　　　　　　　B. 供应链模块
　　C. 账务处理模块　　　　　　　　D. 工资管理模块

17. XBRL的主要作用在于将财务和商业数据电子化,促进了财务和商业信息的( )。
　　A. 显示　　　B. 分析　　　C. 传递　　　D. 产生

18. 下列有关销售发票的叙述,正确的有( )。
　　A. 销售发票是应收账款系统最重要的原始数据之一
　　B. 软件系统至少要提供两种发票格式给用户选择,即增值税发票和普通发票
　　C. 销售发票录入和审核之后要通过记账具体更新客户、商品等总账文件
　　D. 系统对每一张销售发票将自动生成对应的记账凭证

19. 会计信息系统与业务信息系统的一体化的优势有( )。
　　A. 提高效率　　　　　　　　　　B. 增加会计核算的及时性
　　C. 避免人工差错　　　　　　　　D. 防止舞弊

20. 下列选项,属于会计软件系统初始化内容的有( )。
　　A. 模块级初始化　　　　　　　　B. 低级初始化
　　C. 系统级初始化　　　　　　　　D. 高级初始化

三、判断题(本类题共 10 小题,每小题 1 分,共 10 分。对于下列说法,认为正确的选 A,错误的选 B。不答、错答不得分也不扣分。)

21. 计算机黑客使用密码破解手段攻击计算机主要目的是获取系统或用户的口令文件。(   )
  A. 正确   B. 错误

22. 会计软件以账务处理模块为核心,按职能的不同来进行模块的划分。(   )
  A. 正确   B. 错误

23. 审核但未记账的凭证,如果发现错误需要修改的,应由审核人员取消审核后,再由制单人进行修改。(   )
  A. 正确   B. 错误

24. 核销就是对发票、收款单进行处理。核销有自动核销、手工核销两种方式。(   )
  A. 正确   B. 错误

25. 如果处理多个工资类别,可以分别进行月末处理。(   )
  A. 正确   B. 错误

26. 填充柄可以将某单元格的内容快速复制到与其相邻的上下左右任一方向的单元格中。(   )
  A. 正确   B. 错误

27. 有公式的单元格处于编辑状态时,单元格里显示经公式计算的结果,与所对应编辑栏显示等号"="及其运算体和运算符的内容不一致。(   )
  A. 正确   B. 错误

28. 服务器可以控制客户端计算机对网络资源的访问。(   )
  A. 正确   B. 错误

29. 工资变动数据录入是指输入某个期间内工资项目中相对不变的数据。(   )
  A. 正确   B. 错误

30. 在 Excel 2013 中,[汇总表]销售!$B$4 是合法的单元格引用。(   )
  A. 正确   B. 错误

四、实务操作题(本类题共 15 小题,每小题 4 分,共 60 分。)

31. (操作员:张主管;账套:101 账套;操作日期:2015 年 1 月 1 日)
设置外汇币种及汇率,要求如下:
(1) 币种编码:USD
(2) 币种名称:美元
(3) 币种小数位:2
(4) 折算方式:原币×汇率=本位币

32. (操作员:刘主管;账套:201 账套;操作日期:2015 年 1 月 31 日)
2015 年 1 月 28 日,分配本期职工工资 88 000 元,其中制造 A 产品生产工人工资 30 000 元;制造 B 产品工人工资 40 000 元;车间管理人员工资 6 000 元;企业管理人员工资 10 000 元。

33. 打开报表平台,设置报表公式。打开考生文件夹下的"资产负债表 3.srp",完成下列操作后,将报表以原文件名进行保存。

判断并设置 E37、F37 单元格的计算公式。

34. (操作员：王主管；账套：601 账套；操作日期：2015 年 1 月 31 日)
新增固定资产。
卡片编号：0003
资产编号：4001
固资名称：传真机
固资类别：电子产品及通信设备
使用状态：使用中
增加方式：直接购入
原值：1 500 元
增加日期：2015-01-28
使用部门：办公室
折旧费用科目：6602—01 折旧费
折旧方法：平均年限法
预计使用年限：15 年

35. (操作员：张主管；账套：103 账套；操作日期：2015 年 1 月 1 日)
输入下列科目的期初余额。
可供出售金融资产：100 000 元

36. (操作员：苏会计；账套：201 账套；操作日期：2015 年 1 月 31 日)
2015 年 1 月 2 日，开出中国工商银行转账支票一张(票号 101)缴纳上月未缴增值税 68 000 元，请填制记账凭证。

37. 打开报表平台，新建并保存报表文件，以"1 月货币资金表"为名称保存在考试文件夹下。

38. (操作员：苏会计；账套：201 账套；操作日期：2015 年 1 月 31 日)
2015 年 1 月 31 日，计提所得税费用 80 000 元，请填制记账凭证。

39. (操作员：系统主管；账套：101 账套；操作日期：2015 年 1 月 1 日)
新增会计科目。
科目编码：6602—01
科目名称：办公费
辅助核算：单位

40. (操作员：李主管；账套：102 账套；操作日期：2015 年 1 月 1 日)
设置职员档案。
职员编码：401
职员姓名：郑雪兰
性别：女
所属部门：研发部
职员类型：管理人员

41. (操作员：张主管；账套：101 账套；操作日期：2015 年 1 月 1 日)
新增付款条件。

付款条件编码:60D

付款条件名称:60 天

到期日期(天):60

42.(操作员:张主管;账套:101 账套;操作日期:2015 年 1 月 1 日)
设置账套的凭证类型为记账凭证。

编码:记

名称:记账凭证

格式:记账凭证

43. 新建账套,要求如下:

(1)账套名称:爱丁数码有限公司

(2)会计准则:企业会计准则

(3)科目预置:生成预设科目

(4)本位币编码:USD

(5)本位币名称:美元

(6)账套启动日期:2015-01-01

44.(操作员:张主管;账套:205 账套;操作日期:2015 年 1 月 31 日)
在"管理人员"工资表中,录入以下人员的工资原始数据。

职员姓名	基本工资
刘洋	2 000
郑兰	3 500

45.(操作人员:李主管;账套:102 账套;操作日期:2015 年 1 月 31 日)
设置固定资产变动方式。

固定资产变动方式编码:10

固定资产变动方式名称:投资转出

变动类型:固定资产减少

综合练习(六)

一、**单项选择题**(本类题共10小题,每小题1分,共10分。每小题备选答案中,只有一个符合题意的正确答案,多选、错选、不选均不得分。)

1. 下列不属于"单元格格式"对话框中数字标签的选项是( )。
   A. 自定义　　　B. 货币　　　C. 日期　　　D. 字体
2. 广义的会计电算化是指( )。
   A. 电子信息技术在会计中的应用
   B. 与实现电算化有关的所有工作
   C. 计算机技术用于会计核算中
   D. 计算机技术用于财务管理中
3. 在账务处理模块中,某月进行月末结账以后,系统应能自动控制( )。
   A. 不得再录入当月凭证　　　　　　B. 不得录入下月凭证
   C. 不得再进行凭证查询　　　　　　D. 不得再进行账簿打印
4. 若需计算Excel某工作表中A1、B1、C1单元格的数据之和,则以下计算公式中正确的是( )。
   A. =count(A1:C1)　　　　　　B. =max(A1:C1)
   C. =sum(A1:C1)　　　　　　　D. =sum(A1,C1)
5. 计算机病毒是可以造成计算机故障的一种( )。
   A. 计算机芯片　　　　　　　　B. 计算机程序
   C. 计算机设备　　　　　　　　D. 计算机部件
6. 某企业的工资的项目"基本工资"的宽度是8,小数位是2,则该企业职工的基本工资的整数部分最多有( )位数。
   A. 4　　　　　B. 5　　　　　C. 6　　　　　D. 7
7. 下列不属于应收管理模块初始化工作的是( )。
   A. 期初余额录入　　　　　　　B. 基础信息的设置
   C. 单据处理　　　　　　　　　D. 控制参数设置
8. 目前计算机最主要的应用领域是( )。
   A. 科学计算　　　B. 信息处理　　　C. 过程控制　　　D. 人工智能
9. 下列不属于固定资产管理模块日常处理内容的是( )。
   A. 计提折旧　　　　　　　　　B. 固定资产减少
   C. 固定资产增加　　　　　　　D. 固定资产变动
10. 在填制凭证时,对科目录入的要求是( )科目。
    A. 允许录入任意级次　　　　　B. 只允许录入明细操作级
    C. 只允许录入最低级　　　　　D. 只允许录入最高级

二、多项选择题(本类题共 10 小题,每小题 2 分,共 20 分。每小题备选答案中。有两个或两个以上符合题意的正确答案,多选、少选、错选、不选均不得分。)

11. 在 Excel 中能够实现的功能有(　　)。
    A. 分类汇总　　　　　　　　　B. 筛选
    C. 排序　　　　　　　　　　　D. 数据透视表

12. 在 Excel 中,函数 RIGHT 的必选参数有(　　)。
    A. 指定要由 RIGHT 提取的字符的数量 Num—chars
    B. 包含要提取字符的文本字符串 Text
    C. 区域参数 range
    D. 确定哪些单元格将被计算在内的条件参数 Criteria

13. 应付管理模块一般提供(　　)等核销方式。
    A. 按单据　　　B. 按存货　　　C. 按编码　　　D. 按类别

14. 在 Excel 中,关于数据的手工录入,下列说法正确的有(　　)。
    A. 可以在单张工作表的多个单元格中快速录入完全相同的数据
    B. 可以在单个单元格中录入数据
    C. 可以在工作组的一个单元格或多个单元格中快速录入相同的数据
    D. 可以在单张工作表的多个单元格中快速录入部分相同的数据

15. 浏览器/服务器结构的工作特点有(　　)。
    A. 服务器是实现会计功能软件的核心
    B. 客户机上只安装浏览器程序
    C. 用户通过浏览器向服务器发出请求
    D. 服务器对浏览器的请求进行处理

16. 下列(　　)情况可以反映会计电算化系统进行数据备份和恢复的重要性。
    A. 备份数据存储不当引起数据丢失
    B. 软件故障造成财务数据丢失
    C. 计算机病毒造成财务数据丢失
    D. 人为的失误操作造成财务数据丢失

17. 存储器可以分为(　　)。
    A. 基本存储器　　　　　　　　B. 辅助存储器
    C. 外存储器　　　　　　　　　D. 内存储器

18. 下列属于辅助核算的有(　　)。
    A. 部门核算　　　　　　　　　B. 个人往来核算
    C. 客户往来核算　　　　　　　D. 项目核算

19. 下列属于硬盘特点的有(　　)。
    A. 存储容量大　　　　　　　　B. 移动性好
    C. 存储容量小　　　　　　　　D. 移动性差

20. 下列关于人工检测的表述,错误的有(　　)。
    A. 人工检测是指通过一些软件工具提供的功能进行病毒的检测
    B. 比较简单,一般用户都可以进行

C. 检测工具的发展总是滞后于病毒的发展

D. 检测工具只能检测已知的病毒

三、判断题(本类题共 10 小题,每小题 1 分,共 10 分。对于下列说法,认为正确的选 A,错误的选 B。不答、错答不得分也不扣分。)

21. 会计软件是专门用于会计核算、财务管理的计算机软件、软件系统或者其功能模块。( )

  A. 正确   B. 错误

22. 会计电算化可以提高数据处理的时效性。( )

  A. 正确   B. 错误

23. 在 Excel 2003 窗口中,状态栏可以显示单元格格式、功能键开关状态。( )

  A. 正确   B. 错误

24. 在 Excel 中进行公式复制的时候,可以通过使用选择性粘贴,把公式运算结果转换为数值。( )

  A. 正确   B. 错误

25. 会计电算化提高了会计核算的水平和质量。( )

  A. 正确   B. 错误

26. 发现已经输入并审核通过的记账凭证,或者已记账的记账凭证有错误的,可以重新结账进行更正。( )

  A. 正确   B. 错误

27. 多用户结构的终端不能同时输入数据。( )

  A. 正确   B. 错误

28. 支撑软件是指为配合应用软件有效运行而使用的工具软件,它是软件系统的一个重要组成部分。( )

  A. 正确   B. 错误

29. 1KB = 1000 × 8bit。( )

  A. 正确   B. 错误

30. 报表编制模块是 ERP 会计信息系统财务部分的核心模块。( )

  A. 正确   B. 错误

四、实务操作题(本类题共 15 小题,每小题 4 分,共 60 分。)

31. (操作员:张主管;账套:206 账套;操作日期:2015 年 1 月 31 日)

将已审核的收款凭证第 0001 号记账。

将已审核的付款凭证第 0003 号记账。

32. (操作员:刘主管;账套:101 账套;操作日期:2015 年 1 月 1 日)

设置职员类别。

职员类型编码:013

职员类型名称:离休人员

33. (操作员:李会计;账套:103 账套;操作日期:2015 年 1 月 18 日)

2015 年 1 月 18 日,采购 C 材料,欠同方信息有限公司货款 117 000 元,请录入应付单。

应付科目:2202;金额:117 000 元;

对方科目：1401—03；金额：100 000 元；

对方科目：2221-01-02；金额：17 000 元。

34.（操作员：赵主管；账套：301 账套；操作日期：2015 年 1 月 31 日）

2015 年 1 月 23 日，由于采购甲材料（已入库，数量：100 千克，单价：500 元），欠浪潮实业有限公司货款 50 000 元。请录入应付单。

35. 新建账套，要求如下：

（1）账套名称：超讯科技有限公司

（2）采用的会计准则：企业会计准则

（3）科目预置：生成预设科目

（4）本位币编码：USD

（5）本位币名称：美元

（6）账套启用时间：2015-01-01

36.（操作员：李主管；账套：501 账套；操作日期：2015 年 1 月 31 日）

办公室李明的事假天数修改为 1 天，基本工资上调至 3 600 元，请重新计算"管理人员"工资表数据。

37.（操作员：张主管；账套：101 账套；操作日期：2015 年 1 月 1 日）

设置往来单位的地区选项。

地区编码：05

地区名称：西南地区

38.（操作员：顾主管；账套：202 账套；操作日期：2015 年 1 月 31 日）

将已审核的转 0006 号凭证进行记账。

39.（操作员：王小萌；账套：203 账套；操作日期：2015 年 1 月 31 日）

计提本月固定资产折旧，并生成记账凭证。

40.（操作员：张主管；账套：101 账套；操作日期：2015 年 1 月 1 日）

设置账套的凭证类型，其中银付凭证类型设置如下：

编码：银付

名称：银行付款凭证

格式：付款凭证

贷方必有科目：1002

41.（操作员：刘主管；账套：101 账套；操作日期：2015 年 1 月 1 日）

新增付款条件。

付款条件编码：60D；

付款条件名称：60；天

到期日期（天）：60。

42.（操作员：刘主管；账套：101 账套；操作日期：2015 年 1 月 31 日）

设置固定资产类别。

固定资产类别编码：1

固定资产类别名称：通用设备

折旧类型：正常计提折旧

折旧方法：平均年限法

预计使用年限：50 年

预计净残值率：5%

43．（操作员：李会计；账套：203 账套；操作日期：2015 年 1 月 31 日）

2015 年 1 月 20 日，办公室李明出差回来报销差旅费，出差前预借 6 000 元，实际报销 8 000 元，不足部分以现金补足，请填制记账凭证。

44．（操作员：李主管；账套：501 账套；操作日期：2015 年 1 月 31 日）

设置工资项目。

工资表名：销售人员工资表

项目名称：病假扣款

类型：数字

长度：10

小数：2

45．（操作员：王主管；账套：104 账套；操作日期：2015 年 1 月 25 日）

对所有应收单生成凭证。

各部分参考答案与解析

第一部分 教材配套练习

第一章 会计电算化概述

一、单选题

1.【答案】D

【解析】会计电算化是会计工作和计算机技术的融合;会计信息化是指会计工作与电子计算机、网络技术的有机融合,即充分利用电子计算机和网络技术,更好地发挥会计的职能作用,极大地提高会计工作的效能和水平。

2.【答案】C

【解析】"会计电算化"一词是1981年8月在财政部和中国会计学会于吉林省长春市召开的"财务、会计、成本应用电子计算机专题讨论会"上正式提出来的。

3.【答案】D

【解析】定点会计电算化软件的开发主要有自主开发、委托开发和联合开发三种形式。

4.【答案】C

【解析】电算化会计岗位有电算主管、软件操作、审核记账、电算维护、电算审查、数据分析、会计档案保管和软件开发。

5.【答案】D

【解析】会计电算化减轻了会计人员的劳动强度,提高了工作效率;缩短了会计数据处理的周期,提高了会计数据的时效性;提高了会计数据处理的正确性和规范性。为从事后管理向事中控制、事先预测转变创造了条件。推动会计技术、方法、理论创新和观念更新,促进会计工作进一步发展。

6.【答案】D

【解析】华为独立会计软件是华为公司专用的会计核算软件,其余三项都是商用会计软件,属于通用会计软件。

7.【答案】B

【解析】通用会计核算软件特点:(1)通用性强;(2)成本相对较低;(3)维护量小、且维护有保障;(4)软件开发水平较高;(5)开发者决定系统的扩充与修改;(6)专业性差。

8.【答案】C

【解析】相悖会计岗位指会计不相容岗位,企业实行会计电算化后的电算化会计岗位设置,应该注意满足内部牵制制度的要求,如出纳和记账审核不应是同一人,软件开发人员不能操作软件处理会计业务等。

9.【答案】A

【解析】会计信息化推广发展阶段,企业积极研究对传统会计组织的业务处理流程的重新调整,从而实现企业内部以会计核算系统为核心的信息集成化,其主要特征为在企业组织内部实现会计信息和业务信息的一体化,并在两者之间实现无缝联结,信息集成的结果是信息的有效共享和利用。

10.【答案】C

【解析】账务处理模块是以记账凭证为接口与其他功能模块有机连接在一起,构成完整的会计核算系统。

11.【答案】B

【解析】会计信息是会计数据加工的结果。

12.【答案】C

【解析】探索起步和推广结合阶段的主要工作是会计核算,信息化工作是引入会计专业判断的渗透融合阶段,是会计电算化发展的高级阶段,实现会计管理的电算化。

13.【答案】D

【解析】商业企业主要从事商品的销售活动,根据它的行业特点,采购、销售和存货方面的工作量较大,简称进销存。

14.【答案】A

【解析】会计电算化系统应用中,硬件选择一方面要考虑工作需要的实际情况,另一方面也要考虑公司的财力情况。

15.【答案】C

【解析】按照会计电算化的服务层次和提供信息的深度,依次分为会计核算电算化阶段、会计管理阶段和会计决策阶段。

16.【答案】A

【解析】降低成本,减少库存不是会计电算化的重要作用。

17.【答案】A

【解析】会计电算化的发展经历了四个阶段:

(1) 模拟手工记账的探索初步阶段,实现会计核算电算化,是会计电算化的初级阶段;

(2) 与其他业务结合的推广发展阶段,是会计核算电算化的丰富发展阶段,引入了更多的会计核算子系统,形成了一套完整的会计核算软件系统,包括账务处理子系统、报表处理子系统、往来管理子系统、工资核算子系统、固定资产核算子系统、材料核算子系统、成本核算子系统、销售核算子系统等;

(3) 引入会计专业判断的渗透融合阶段,是会计电算化发展的高级阶段,实现会计管理的电算化;

(4) 与内控相结合建立 ERP 系统的集成管理阶段。

18.【答案】C

【解析】我国会计核算软件起步于 20 世纪 80 年代,90 年代蓬勃发展。

19.【答案】B

【解析】我国使用最早和使用最广泛的会计核算子系统是工资核算子系统,需求大而且容易实现。

20.【答案】B

【解析】推广发展阶段商品化会计核算软件开始蓬勃发展,为正确引导企业实施电算化、指引软件开发公司为企业提供更好的电算化软件,财政部先后印发了《关于发展我国会计电算化事业的意见》《会计电算化管理办法》《会计电算化工作规范》等一系列规章制度,并启动了商品化会计核算软件的审批工作,有力地推进了我国会计软件行业产业化、规范化发展的进程。

21.【答案】B

【解析】商品化会计核算软件首要目标是通用性。

22.【答案】B

【解析】通用会计软件和专用会计软件的依据是通用范围。

23.【答案】A

【解析】与专业会计核算软件相比,通用会计核算软件具有通用性强、开发水平高、维护量小、购置成本相对较低等优点。

24.【答案】C

【解析】ERP——Enterprise Resource Planning 企业资源计划系统,是指建立在信息技术基础上,以系统化的管理思想,为企业决策层及员工提供决策运行手段的管理平台。ERP 系统集信息技术与先进的管理思想于一身,成为现代企业的运行模式。

25.【答案】C

【解析】通用会计核算软件是指由专业软件公司研制,公开在市场上销售,能适应不同行业、不同单位会计核算与管理基本需要的会计核算软件。目前,我国的通用会计核算软件以商品化软件为主,例如,用友 M8.X 系列、金蝶 2000 系列的通用企业会计软件可适用于工业、商品流通、交通运输、农业、外资、股份制等各种类型的企业。

26.【答案】A

【解析】实现会计电算化后经济业务并不是都由计算机完成,凭证和审核必须由人工完成。

27.【答案】A

【解析】会计电算化概念有狭义和广义之分,狭义指电子计算机信息技术在会计工作中的应用,简称会计电算化,广义是指与实现会计工作电算化有关的所有工作,包括软件开发与应用、人才培养、发展规划、制度建设、软件市场的培育与发展等。

28.【答案】C

【解析】由于计算机程序设计的特点和控制手段的不同,使用计算机处理会计业务与手工会计业务处理的方法和流程肯定不会完全相同,只能说大体一致。

29.【答案】C

【解析】会计从核算中解放出来,进行财务分析,更多地参与经营管理。

30.【答案】A

【解析】为了体现"通用"的特点,通用会计核算软件一般都设置"初始化"模块,用户在首次使用通用会计核算软件时,必须首先使用该模块,对本单位的所有会计核算规则进行初始化设置,从而把通用会计核算软件转化为一个适合本单位核算情况的专用会计核算软件。

31.【答案】B

【解析】会计电算化在增强企业竞争力、提高企业经营管理水平等方面有重要作用。这主要表现在以下几个方面:提高会计数据处理的时效性和准确性,减轻了会计人员的劳动强度,提高了工作效率;提高经营管理水平,使财务会计管理由事后管理向事中控制、事先预测转变,为管理信息化打下基础;推动会计技术、方法、理论创新和观念更新,促进会计工作进一步发展。

32.【答案】C

【解析】我们通常按会计核算软件的职能来划分功能模块,并以账务处理为中心来划分结构,账务处理子系统是会计核算软件的核心模块。

33.【答案】D

【解析】商品化会计软件的优点是见效快、成本低、安全可靠、维护有保障,其缺点是不能全部满足企业的各种核算与管理要求,同时对于会计人员要求较高。

34.【答案】C

【解析】商品化会计核算软件开发经销单位在售出软件后应承担售后服务工作,其售后服务包括:会计软件的日常维护、用户培训、二次开发与相关技术支持,以及软件版本的升级换代。

35.【答案】C

【解析】ABD 三项都是会计电算化的广义或狭义内容,而 C 项明显是手工会计的工作特点。

36.【答案】D

【解析】ERP 会计核算系统中,其他子模块与账务处理模块依记账凭证关联。

37.【答案】A

【解析】检索是为了查找数据方便。

38.【答案】B

【解析】会计核算软件的功能模块一般可以划分为账务处理、应收/应付款核算、工资核算、固定资产核算、存货核算、销售核算、成本核算、会计报表生成与汇总、财务分析等。

39. 【答案】C

【解析】只要是国家统一标准都是最低要求,必须符合。

40. 【答案】D

【解析】物料管理不是会计电算化的工作。

41. 【答案】D

【解析】会计软件是应用软件,主要任务是完成会计核算和管理工作,不能管理和控制计算机系统资源。

42. 【答案】B

【解析】会计决策电算化是会计电算化的高级阶段。

43. 【答案】A

【解析】会计电算化后,大部分工作都由计算机自动完成,减轻了劳动强度,会计人员可参与更多的管理工作。

44. 【答案】A

【解析】探索起步阶段不能实现最大限度的数据共享,容易造成电算化会计数据资源的浪费,也无法实现电算化的会计信息与企业其他信息系统进行有效融合。

45. 【答案】A

【解析】为适应建立和实施内部控制制度的新要求,防范风险,加强管理,提高竞争力,企业开始全面、系统地依托其既有的会计电算化系统,构建与内部控制紧密结合的 ERP 系统,将企业的管理工作全面集成,从而实现会计管理和会计工作的信息化。

46. 【答案】A

【解析】商品化会计软件比自主研发的会计软件更能节约成本。

47. 【答案】D

【解析】企业进行会计信息化系统前段系统的建设和改造应当安排负责会计信息化工作的专门机构或者岗位参与,充分考虑会计信息系统的数据需求。

48. 【答案】C

【解析】计算机硬件及故障问题不在软件供应商服务范围之内。

49. 【答案】B

【解析】项目管理模块主要是对企业的项目进行核算、控制与管理。选项 A,预算管理模块对需要进行预算管理的对象,根据不同类型的责任中心,实现对各个责任中心的控制、分析和绩效考核。选项 C,报表管理模块根据会计核算的数据,结合会计准则和会计制度的要求以及企业管理的实际需求,生成各种内部报表、外部报表、汇总报表。选项 D,成本管理模块主要提供成本核算、成本分析、成本预测功能,以满足会计核算的事前预测、事后核算分析的需要。

50. 【答案】A

【解析】存货核算模块生成的存货入库、存货估价入账、存货出库、盘亏/毁损、存货销售收入等业务的记账凭证,并传递到账务处理模块,以便用户审核登记存货账簿。

51. 【答案】A

【解析】企业配备会计软件的方式主要有购买、定制开发、购买与开发相结合等方式。其中,定制开发包括自行开发、委托外部单位开发、企业与外部单位联合开发。

52. 【答案】D

【解析】选项 ABC 属于购买通用会计软件的优点。采用委托外部单位开发的优点主要有软件的针对性较强,降低了用户的使用难度;对企业自身技术力量的要求不高。

53. 【答案】A

【解析】在会计电算化方式下,会计人员填制电子会计凭证并审核后,执行"记账"功能,计算机将根据程序和制定在极短的时间内自动完成会计数据的分录、汇总、计算、传递及报告等工作。

54.【答案】A

【解析】企业应用 XBRL 的优势主要有：提供更为精确的财务报告与更具可信度和相关性的信息；降低数据采集成本，提高数据流转及交换效率；帮助数据使用者更快捷方便地调用、读取和分析数据；使财务数据具有更广泛的可比性；增加资料在未来的可读性与可维护性；适应变化的会计准则制度的要求。

55.【答案】B

【解析】2009 年 4 月，财政部在《关于全面推进我国会计信息化工作的指导意见》中将 XBRL 纳入会计信息化的标准。2008 年 11 月，XBRL 中国地区组织成立。2010 年 10 月 19 日，国家标准委员会和财政部颁布了可扩展商业报告语言技术规范系列国家标准和企业会计准则通用分类标准。2005 年 4 月，上海证券交易所加入了 XBRL 国际组织。

56.【答案】B

【解析】会计信息化是指企业利用计算机、网络通信等现代信息技术手段开展会计核算，以及利用上述技术手段将会计核算与其他经营管理活动有机结合的过程。

二、多选题

1.【答案】ABC

【解析】按照会计电算化的服务层次和提供信息的深度，主要分为会计核算阶段、会计管理阶段和会计决策阶段。

2.【答案】ABC

【解析】宏观管理的基本任务：制定会计电算化发展规划并组织实施；加强会计核算软件管理、对会计核算软件及生成的会计资料是否符合国家统一的会计制度情况实施监督；加强会计软件电算化管理制度的建设；加强会计电算化的组织、领导，引导基层逐步实现会计电算化，提高会计工作水平；组织和管理电算化人才培训工作。

微观管理的基本任务：建立会计电算化岗位责任制、日常操作管理、计算机软件和硬件的系统维护管理和会计档案管理。

3.【答案】ABCD

【解析】四个选项都是选择商品化会计核算软件时应考虑的问题。

4.【答案】BC

【解析】会计电算化工作的管理包括国家的宏观管理和企事业单位计算机系统的微观管理两个方面。

5.【答案】ABCD

【解析】电算化会计和手工会计会计核算工具不同、会计信息载体不同、记账规则不完全相同、账务处理流程类型存在差别和内部控制方式不同。

6.【答案】ACD

【解析】会计核算软件经历了人工管理、文件管理系统阶段和数据库系统阶段。

7.【答案】ABCD

【解析】手工会计下账务处理形式存在数据大量重复、信息提供不及时、准确性差、工作强度大等缺陷。

8.【答案】ABCD

【解析】会计电算化在增强企业竞争力、提高企业经营管理水平等方面有重要作用。这主要表现在以下几个方面：提高会计数据处理的时效性和准确性，减轻了会计人员的劳动强度，提高了工作效率；提高经营管理水平，使财务会计管理由事后管理向事中控制、事先预测转变，为管理信息化打下基础；推动会计技术、方法、理论创新和观念更新，促进会计工作进一步发展。

9.【答案】ABCD

【解析】会计电算化减轻了会计人员劳动强度，提高会计工作效率，保证会计核算质量，促进会计工作规范化，提高会计数据处理的及时性、准确性，所以会计行使的职能应侧重于会计监督、管理，分析经济情况、预测经济前景、参与经济决策等各种职能控制。

10.【答案】ABCD

【解析】会计电算化在运算工具、信息载体、簿记规则、账务处理程序、会计行使职能的侧重点和会计人员岗位分工等方面与手工会计核算存在很大差异。

11.【答案】ABC

【解析】商品化会计软件一般具有通用性、合法性、安全性和成本低的特点。

12.【答案】ABCD

【解析】手工会计信息系统与电算化会计信息系统的共同点：系统目标一致；采用的基本会计理论与方法一致；都要遵守会计和财务制度，以及国家的各项财经法纪，严格贯彻执行会计法规；系统的基本功能相同；保存会计档案一致；编制会计报表的要求相同。

13.【答案】AB

【解析】会计核算软件按适用范围分为通用会计核算软件和专用会计核算软件。

14.【答案】ABCD

【解析】广义的会计电算化是指与实现会计工作电算化有关的所有工作，包括软件开发与应用、人才培养、发展规划、制度建设、软件市场的培育与发展等。

15.【答案】ABC

【解析】ABC是会计软件的模块。

16.【答案】ABCD

【解析】本题考核可扩展业务报告语言（XBRL）的主要作用及优势。

17.【答案】ABCD

【解析】企业配备会计软件，应当根据自身技术力量以及业务需求，考虑软件功能、安全性、稳定性、响应速度、可扩展性等需求，合理选择购买、定制开发、购买与开发相结合等会计软件配备方式。

18.【答案】ABC

【解析】企业作为用户，付款购买即可获得软件的使用、维护、升级以及人员培训等服务。

19.【答案】ACD

【解析】在会计电算化方式下，与会计工作相关的内部控制制度也将发生明显的变化，内部控制由过去的纯粹人工控制发展成为人工与计算机相结合的控制形式。内部控制的内容更加丰富，范围更加广泛，要求更加严格，实施更加有效。

20.【答案】ACD

【解析】会计电算化的重要作用主要体现在"两个提高，一个推动"。

三、判断题

1.【答案】正确

【解析】ERP系统中的会计信息系统包括财务会计和管理会计两大子系统。ERP系统中，用于处理会计核算数据部分的功能模块为财务会计模块，属于会计核算软件的范畴。

2.【答案】错误

【解析】会计核算软件的基本内涵是记账和算账，编制财务报表，和手工核算是一致的。

3.【答案】正确

【解析】会计核算软件按适用范围分为通用会计核算软件和专用会计核算软件。

4.【答案】正确

【解析】根据会计信息系统层次划分原理，会计软件可分为核算型、管理型和决策型三种。

5.【答案】正确

【解析】部门级管理软件是单组织的，基于一个公司这样的架构；企业级管理软件是多组织的，基于集团级的软件，整个集团（母公司、分子公司），都可以在同一个平台进行管理。

6.【答案】错误

【解析】商品化软件属于通用会计核算软件。

7.【答案】正确

【解析】会计电算化是会计信息化的初级阶段,是会计信息化的基础工作。

8.【答案】错误

【解析】按硬件结构划分,会计软件可分为单用户会计软件和多用户会计软件。

9.【答案】正确

【解析】为了体现"通用"的特点,通用会计核算软件一般都设置"初始化"模块,用户在首次使用通用会计核算软件时,必须首先使用该模块,对本单位的所有会计核算规则进行初始化设置,从而把通用会计核算软件转化为一个适合本单位核算情况的专用会计核算软件。

10.【答案】正确

【解析】会计核算软件:会计数据进入系统后,在程序的控制下连续自动的进行处理,中间一般无须人工干预,许多传统的内部控制方式失去了作用,由人工控制变为人机共同控制。因此,其内部控制不但要遵循手工情况下的会计准则和会计制度,还要遵循针对会计电算化环境的一些特殊制度,如组织控制、硬件控制、软件维护控制、文档控制等。

11.【答案】正确

【解析】ERP系统中的会计信息系统包括财务会计和管理会计两个子系统,财务会计子系统处理日常的财务作业,并以企业实体为单位对外出具规定格式的各种会计报表;而管理会计系统则以企业内部管理为目的,可以灵活设置核算对象,从财务角度为管理提供信息。

12.【答案】正确

【解析】账务处理系统、报表系统、工资核算系统是会计核算的主要模块。

13.【答案】错误

【解析】会计电算化是会计信息化的初级阶段和基础工作。

14.【答案】正确

【解析】数据库系统阶段的特点是实现数据共享,减少数据冗余;采用特定的数据模型;具有较高的数据独立性;有统一的数据控制功能。

15.【答案】错误

【解析】账务处理模块是以记账凭证为接口与其他功能模块有机连接在一起,构成完整的会计核算系统。

16.【答案】正确

【解析】所谓内部控制,是指一个单位为了实现其经营目标,保护资产的安全完整,保证会计信息资料的正确可靠,确保经营方针的贯彻执行,保证经营活动的经济性、效率性和效果性而在单位内部采取的自我调整、约束、规划、评价和控制的一系列方法、手续与措施的总称。

17.【答案】错误

【解析】会计核算软件按照不同的适用范围可分为通用会计核算软件(商用化软件)和专用会计核算软件。

18.【答案】正确

【解析】题目描述的是会计电算化的重要作用。

19.【答案】正确

【解析】题目描述的是会计电算化的重要作用。

20.【答案】正确

【解析】在会计核算软件环境下,整个账务处理流程分为输入、处理、输出三个环节,其控制的重点是在输入这个环节,从输入会计凭证到输出会计账表一气呵成,全部处理过程由计算机按照程序自动完成。

第二章　会计电算化的工作环境

一、单选题

1.【答案】A

【解析】ENIAC 计算机是第一代计算机。

2.【答案】B

【解析】早期计算机主要是 IBM 公司生产。

3.【答案】D

【解析】第一代：电子管计算机时代；第二代：晶体管计算机时代；第三代：中小规模集成电路计算机时代；第四代：大规模和超大规模集成电路计算机时代。

4.【答案】C

【解析】计算机的特点：运算速度快、计算精度高、存储容量大、具有逻辑判断能力、具有自动执行程序的能力。

5.【答案】D

【解析】1MB = 1024 * 1KB，1KB = 1024B。

6.【答案】D

【解析】计算机内部都是用二进制数表示。

7.【答案】C

【解析】微型计算机主要性能指标：字长、主频、内存容量、存储周期、运算速度。

8.【答案】A

【解析】主频：是指计算机的时钟频率，即 CPU 在单位时间内的平均操作次数，是决定计算机速度的重要指标，频率越高处理速度越快。

9.【答案】D

【解析】内存分为 ROM(只读存储器)、RAM(随机存储器)和 CACHE(高速缓存)。

10.【答案】C

【解析】DVD 容量最大。

11.【答案】C

【解析】FOXPRO 是数据库管理系统，是系统软件，但不是操作系统。

12.【答案】A

【解析】机器语言采用二进制，CPU 能直接执行，汇编语言和高级语言需要汇编和翻译后 CPU 才能执行。

13.【答案】B

【解析】网络化使得计算机广泛渗透到了家庭普通人的生活中，并改变着我们的生活方式。

14.【答案】A

【解析】一个完整的计算机系统包括硬件系统和软件系统两个部分。

15.【答案】D

【解析】计算机网络中共享的资源包括：硬件、软件和数据。

16.【答案】C

【解析】由于计算机网络中的设备相对分散，以便对数据进行分布式处理。

17.【答案】C

【解析】网络传输介质传输速度最快的光纤。

18.【答案】C

【解析】互联网上的计算机都有其唯一的地址，称为 IP 地址。

19.【答案】C

【解析】内存中用户信息主要存放在 RAM,断电信息丢失,不能恢复。

20.【答案】A

【解析】系统软件包括操作系统、语言处理程序、高级语言、数据库管理系统、各类支持服务程序等。

21.【答案】A

【解析】计算机网络按地理分布可分为局域网、城域网、广域网。

22.【答案】D

【解析】CIH 病毒破坏主板上的 BIOS 芯片。

23.【答案】A

【解析】计算机病毒与正常程序的本质区别在于传染性,所以称为病毒。

24.【答案】D

【解析】系统升级主要是打补丁,修复漏洞。

25.【答案】C

【解析】计算机病毒按其寄生方式大致可分为:引导型病毒、文件型病毒、复合型病毒以及宏病毒。

26.【答案】B

【解析】防火墙软件的作用是阻止网络中的黑客非法入侵。

27.【答案】A

【解析】计算机病毒特点:感染性、隐蔽性、潜伏性和破坏性。

28.【答案】D

【解析】社会道德风险指来自社会上的不法分子通过互联网对企业内部网的非法入侵和破坏。

29.【答案】C

【解析】构成计算机系统的各种物理设备的总称是硬件系统。

30.【答案】A

【解析】计算机辅助系统主要有:计算机辅助设计(CAD-Computer Aided Design)、计算机辅助教学(CAI-Computer Aided Instruction)、计算机辅助制造(CAM-Computer Aided Manufacturing)。

31.【答案】B

【解析】bit 是存储信息的最小单位,byte 是存储信息的基本单位。

32.【答案】A

【解析】中央处理器由运算器和控制器组成。

33.【答案】B

【解析】CPU 的技术指标是 P4/2.1G,P4 是 CPU 的型号,2.1G 是 2.1G 的主频,即 2.1GHZ。

34.【答案】B

【解析】ROM 中的内容只能读出、不能写入。

35.【答案】A

【解析】RAM 是用来存放计算机工作时所需要的程序和数据。

36.【答案】D

【解析】外存储器的存储速度为:硬盘 < 光盘 > 软盘,速度最快的是硬盘。

37.【答案】A

【解析】硬盘工作时,应特别注意避免强烈震动,防止磁头和磁盘接触。

38.【答案】A

【解析】com 代表商业;gov 代表政府;org 代表非盈利组织;edu 代表教育。

39.【答案】D

【解析】计算机病毒是可以造成计算机故障的一种程序。

40.【答案】D

【解析】多用户结构也称联机结构,整个系统配备一台计算机主机和多个终端。

41.【答案】A

【解析】硬件结构是指硬件设备的不同组合方式。电算化会计信息系统中常见的硬件结构通常有单机结构、多机松散结构、多用户结构和微机局域网络四种形式。

42.【答案】A

【解析】应用软件是在硬件和系统软件支持下,为解决各类具体应用问题而编制的软件。

43.【答案】B

【解析】RAM(随机存储器):存放用户信息、可读可写、关机(断电)后信息丢失。

44.【答案】B

【解析】控制器负责协调和指挥整个计算机系统。

45.【答案】D

【解析】目前的情况下,病毒主要通过以下3种途径进行传播:途径1:通过不可移动的计算机硬件设备进行传播,这类病毒虽然极少,但破坏力极强,目前尚没有较好的检测手段对付。途径2:通过移动存储介质传播,包括软盘、光盘、U盘和移动硬盘等,用户之间在互相拷贝文件的同时也造成了病毒的扩散。途径3:通过计算机网络进行传播。计算机病毒附着在正常文件中通过网络进入一个又一个系统,其传播速度呈几何级数增长,是目前病毒传播的首要途径。下载文件、接电子邮件、浏览网站都在网络环境。

46.【答案】A

【解析】ENIAC是世界上第一台计算机。

47.【答案】D

【解析】internet explore 简称IE,是微软公司开发的网页浏览器。

48.【答案】B

【解析】HTTP 称为超文本传输协议(Hyper Text Transfer Protocol,HTTP)。

49.【答案】B

【解析】第一代:电子管计算机时代;第二代:晶体管计算机时代;第三代:中小规模集成电路计算机时代;第四代:大规模和超大规模集成电路计算机时代。

50.【答案】D

【解析】光盘无法长时间保存,要注意定期备份。

51.【答案】B

【解析】操作系统(英语:Operating System,简称 OS)是管理和控制计算机硬件与软件资源的计算机程序,外存和内存都属于计算机硬件范畴。

52.【答案】D

【解析】支持服务性程序是一类辅助性的程序,也被称为工具软件,它提供各种运行所需的服务。例如,用于程序的装入、链接、编辑和调试用的装入程序、链接程序、编辑程序及调试程序,以及故障诊断程序、纠错程序等,包括编辑程序、纠错程序、连接程序、杀毒程序等。

53.【答案】C

【解析】显示器最重要的性能指标是分辨率,分辨率是指象素点与点之间的距离,象素数越多,其分辨率就越高,因此,分辨率通常是以象素数来计量的,如:640×480,其象素数为307200。注:640 为水平象素数,480 为垂直象素数。

54.【答案】D

【解析】IP 地址长度为32位二进制数。构成条件:分成四个部分,每个部分用十进制数来表示、每个数的范围是 0~255,彼此之间用"."分隔。

55.【答案】A

【解析】ISP(Internet Service Provider),互联网服务提供商,即向广大用户综合提供互联网接入业务、信息业务、和增值业务的电信运营商。

56.【答案】C

【解析】IE 浏览器收藏夹中收藏的是个人喜好的网页地址。

57.【答案】B

【解析】电子邮件地址的格式为:用户名@ 主机名。

58.【答案】D

【解析】系统软件包括操作系统、语言处理程序、高级语言、数据库管理系统、各类支持服务程序等。

59.【答案】C

【解析】参数 640 * 480,1024 * 768 等表示显示器的分辨率,640 * 480,其象素数为 307200。注:640 为水平象素数,480 为垂直象素数。

60.【答案】D

【解析】微型计算机又称为个人计算机、PC 或电脑。

61.【答案】C

【解析】换算比率是 $2^{10} = 1024$,不是 1000。

62.【答案】B

【解析】一座大楼或者一个单位的网络称为局域网 LAN。

63.【答案】B

【解析】WWW(World Wide Web)浏览,被称为万维网,简称 3W。

64.【答案】B

【解析】一个完整的计算机系统由硬件系统和软件系统两个部分组成。

65.【答案】B

【解析】Internet 又称因特网或国际互连网是当今世界上最大的国际性计算机互联网络,是广域网的一种。它集现代通信技术、计算机技术和网络技术于一体,是进行信息交流和实现计算机资源共享的最佳手段。

66.【答案】B

【解析】ROM 又称只读存储器,断电后信息不丢失。

67.【答案】C

【解析】微型计算机系统中的中央处理器(简称 CPU)也称微处理器,主要由控制器和运算器构成,是计算机系统的核心。

68.【答案】C

【解析】计算机软件一般可以分为系统软件和应用软件两大类。

69.【答案】D

【解析】IP 地址由网络号和主机号组成。

70.【答案】D

【解析】计算机病毒主要是通过复制、共享和网络传播,和带毒盘放在一起不会传播病毒。

71.【答案】D

【解析】汇编语言源程序经汇编程序汇编得到机器指令形式的目标代码,CPU 才能执行。

72.【答案】A

【解析】PowerPoint 是著名的简报软件,可用以制作计算机化的演示材料,是 OFFICE 的组件之一,又称幻灯片。

73.【答案】B

【解析】财务管理软件是为了解决单位会计核算而编写的应用程序,属于应用软件。

74. 【答案】B

【解析】构成计算机电子的或机械的物理实体被称为硬件。

75. 【答案】D

【解析】一个字节由8个二进制位构成。

76. 【答案】C

【解析】打印机是常见的输出设备。

77. 【答案】D

【解析】在E-mall地址格式：用户名@服务器名。

78. 【答案】D

【解析】高级语言由语句(接近自然语言和数学公式)构成。

79. 【答案】B

【解析】存储器可以分为主存储器和辅助存储器，是计算机的记忆部件。

80. 【答案】C

【解析】用于永久地存放大量的程序和数据，CPU只能直接访问存储在内存的数据，不能直接访问存储在外存中的数据，运行时，必须从外存调入内存。

81. 【答案】B

【解析】汇编语言是一种符号化的语言，也称为符号语言，属于低级语言。

82. 【答案】B

【解析】操作系统(英语：Operating System，简称OS)是管理和控制计算机硬件与软件资源的计算机程序，外存和内存都属于计算机硬件范畴。

83. 【答案】D

【解析】硬盘常见的技术指标有以下几种：转速、平均寻道时间、平均潜伏期、平均访问时间、数据传输率、缓冲区容量、噪音与温度。

84. 【答案】C

【解析】为提高计算机的安全性，密码应尽可能做到全部用字母和数字以外的其他字符。

85. 【答案】B

【解析】为了解决各类应用问题而设计的各种计算机软件是应用软件。

86. 【答案】A

【解析】字节是计算机存储和处理的最基本单位。

87. 【答案】D

【解析】内存储器在计算机内部，用于存放CPU待加工处理的数据、中间结果以及最后结果。

88. 【答案】B

【解析】黑客一般是指通过网络非法进入他人系统的计算机入侵者。

二、多选题

1. 【答案】ABCD

【解析】未来计算机将向巨型化、微型化、网络化、多媒体化和智能化方向发展。

2. 【答案】AC

【解析】完整的会计软件包括硬件环境和软件环境。

3. 【答案】BD

【解析】常用输入设备：鼠标、键盘、光笔、扫描仪。

4. 【答案】AC

【解析】常用输出设备：显示器、打印机、绘图仪。

5. 【答案】AC

【解析】键盘是微机必备的输入设备之一,键盘分为四个分区:主键盘区、小键盘区、功能键区、光标控制键区。

6.【答案】ABCD

【解析】根据计算机的规模分为:巨型机、大型机、中型机、小型机、微型机(个人机、PC机)。

7.【答案】ABCD

【解析】黑客常用的手段:拒绝访问、扫描器、嗅觉器、网上欺骗、特洛伊木马、后门、进攻拨号程序、逻辑炸弹、缓存溢出、解密高手。

8.【答案】AB

【解析】常见高级语言:BASIC、C、C++、Java。

9.【答案】ABCD

【解析】数据库系统主要由数据库、数据库管理系统组成,此外还包括应用程序、硬件和用户。

10.【答案】BC

【解析】硬盘是常见外部存储器,又称为辅助存储器。

11.【答案】ABCD

【解析】计算机的特点:运算速度快、计算精度高、存储容量大、具有逻辑判断能力、具有自动执行程序的能力。

12.【答案】ABD

【解析】硬盘属于外存储器,既是输入设备,又是输出设备。

13.【答案】ABC

【解析】E-mail需要使用专用的服务器软件向用户提供信息资源与服务。

14.【答案】BD

【解析】文件型病毒主要以感染文件扩展名为.COM、.EXE 和.OVL等可执行程序为主。

15.【答案】ABCD

【解析】常用的对鼠标的操作有:单击、双击、右击、拖动、指向。

16.【答案】BD

【解析】主机是指中央处理器CPU和内存储器。

17.【答案】ACD

【解析】常用输入设备包括鼠标、键盘、光笔、扫描仪;常用输出设备包括显示器、打印机、绘图仪。

18.【答案】ACD

【解析】数据库管理系统属于系统软件。

19.【答案】ABC

【解析】语言处理系统包括机器语言、汇编语言和高级语言。

20.【答案】CD

【解析】高级语言的翻译方式:解释方式和编译方式。

21.【答案】ABC

【解析】常用的外存储器有硬盘、光盘和软盘。

22.【答案】AB

【解析】存储器可以分为主存储器和辅助存储器。

23.【答案】ABCD

【解析】电子邮件、电子商务、专题讨论(BBS)和文件交换(FTP)都是互联网的主要功能。

24.【答案】ABC

【解析】计算机网络按地理分布可分为局域网、城域网、广域网。

25.【答案】ABD

【解析】IP地址长度为32位二进制数。构成条件：分成四个部分、每个部分用十进制数来表示、每个数的范围是0~255、彼此之间用"."分隔。

26.【答案】ABCD

【解析】影响计算机系统安全的主要因素有：(1)系统故障风险；(2)内部人员道德风险；(3)系统关联方道德风险；(4)社会道德风险；(5)计算机病毒。

27.【答案】ABD

【解析】防范黑客的措施：(1)制定相关法律法规加以约束；(2)数据加密；(3)身份认证；(4)建立完善的访问控制策略；(5)其他一些方法比如建立防黑客扫描和检测系统，一旦检测到被黑客攻击，迅速做出应对措施；在网络中采用防火墙、防黑客软件等防黑产品等也能够在一定程度上限制黑客的入侵。

28.【答案】ABCD

【解析】黑客的攻击目标几乎遍及计算机系统的每一个组成部分，其中主要攻击对象有：网络组件、网络服务、计算机系统和信息资源、网络客户端等。

29.【答案】AD

【解析】选项B，应该使用正版软件，杜绝购买盗版软件；选项C，计算机系统要专机专用，不能使用其他软件。

30.【答案】ABC

【解析】会计信息系统的网络组成部分包括服务器、客户机和网络连接设备。

31.【答案】ACD

【解析】计算机网络是现代计算机技术与通信技术相结合的产物，它是以硬件资源、软件资源、信息资源共享和信息传递为目的的。在统一的网络协议控制下，将地理位置分散的许多独立的计算机系统连接在一起所形成的网络。

32.【答案】ABCD

【解析】目前的情况下，病毒主要通过以下3种途径进行传播：(1)通过不可移动的计算机硬件设备进行传播，这类病毒虽然极少，但破坏力极强，目前尚没有较好的检测手段对付。(2)通过移动存储介质传播，包括软盘、光盘、U盘和移动硬盘等，用户之间在互相拷贝文件的同时也造成了病毒的扩散。(3)通过计算机网络进行传播。计算机病毒附着在正常文件中通过网络进入一个又一个系统，其传播速度呈几何级数增长，是目前病毒传播的首要途径。

33.【答案】ABCD

【解析】计算机病毒特点：感染性、隐蔽性、潜伏性和破坏性。

34.【答案】ABC

【解析】计算机的性能指标包括字长、主频、内存容量、存取周期、运算速度。

35.【答案】ACD

【解析】在计算机内部采用二进制表示数据，即用"0、1"代码表示数据；优点：电路简单、工作可靠并稳定、运算简单、逻辑性强。

36.【答案】ACD

【解析】计算机内存储器是记忆部件，不具备运算能力，运算是运算器的功能。

37.【答案】ABC

【解析】ROM称为只存储器，只读不写；RAM称为随机存储器，可读可写。

38.【答案】AB

【解析】显示系统由显示器和显卡构成。

39.【答案】BC

【解析】鼠标按照定位原理不同，分为机械式和光电式。

40.【答案】CD

【解析】单机结构的优点在于使用简单,配置成本低,数据共享程度高,一致性好;其缺点在于集中输入速度低,不能同时允许多个成员进行操作,并且不能进行分布式处理。适用于数据输入量小的企业。

三、判断题

1.【答案】错误

【解析】主频是指计算机的时钟频率,即 CPU 在单位时间内的平均操作次数,是决定计算机速度的重要指标,频率越高处理速度越快,不是时钟周期。

2.【答案】错误

【解析】CPU 的速度主要由字长和主频两个指标决定。

3.【答案】正确

【解析】存储程序原理是冯·诺依曼计算机体系结构的基本思想,明确了计算机硬件由运算器、控制器、存储器、输入设备和输出设备组成。

4.【答案】错误

【解析】计算机五大硬件指运算器、控制器、存储器(内存储器)、输入设备和输出设备。

5.【答案】正确

【解析】硬盘可读可写,既是是一种输入设备,又是一种输出设备。

6.【答案】正确

【解析】CPU 由运算器和控制器组成。

7.【答案】正确

【解析】ROM 属于微型计算机的内存储器。

8.【答案】正确

【解析】CD-ROM 俗称光盘,是计算机的外存储器。

9.【答案】错误

【解析】DVD 光盘容量远小于普通硬盘的容量,DVD 光盘容量可达普通光盘容量的 7 倍。

10.【答案】正确

【解析】计算机只能直接识别机器语言。

11.【答案】错误

【解析】WORD 是文字处理软件,属于应用软件。

12.【答案】错误

【解析】在硬件和系统软件的支持下,用户为了解决各类实际问题而编制的各种计算机程序及相关文档均称为应用软件。如:会计核算软件、文字处理软件(WORD)、电子表格软件(EXCEL)等。

13.【答案】错误

【解析】Internet 的中文意思是因特网,是世界上最大的广域网。

14.【答案】正确

【解析】TCP/IP 是 Internet 最基本的网络互联协议,是在 Internet 上的计算机之间通信所必需共同遵循的一种通信规则。TCP/IP 表示一个协议集合,它由许多协议组成。

15.【答案】正确

【解析】网络通讯双方为了能正确的传输和接收数据,必须遵循共同的网络传输协议,即 TCP/IP 协议。

16.【答案】错误

【解析】com 代表商业;gov 代表政府;org 代表非盈利组织;edu 代表教育;net 代表网络支持中心。

17.【答案】正确

【解析】计算机病毒是人为编制的计算机程序。

18.【答案】正确

【解析】第五代计算机是把信息采集、存储、处理、通信同人工智能结合在一起的智能计算机系统,第五代计算机又称新一代计算机。

19.【答案】正确

【解析】计算机内字的位数越多,字的精度就越高,处理能力超强,速度越快。

20.【答案】正确

【解析】接收邮件必须要有自己的电子邮件地址。

21.【答案】错误

【解析】CPU处理程序需要内在和外在的配合。

22.【答案】正确

【解析】在计算机内部采用二进制表示数据,即用"0、1"代码表示数据。

23.【答案】正确

【解析】计算机软件分为系统软件和应用软件。

24.【答案】错误

【解析】Internet中的每一台主机都有一个唯一的IP地址域名,但不必有一个域名。

25.【答案】错误

【解析】杀病毒软件能杀除大部分病毒,但不能杀除新的病毒。

26.【答案】错误

【解析】电子邮件(Electronic Mail),简称E-mail,是用户通过Internet发送的信函。这些信函以文本内容为主,也可附加程序、其他格式的文档、图形、动画、图像、音频、视频等多媒体信息。

27.【答案】正确

【解析】二进制是一种计数方法,其基数为2,数码只有0或1,计算规则是逢二进一。

28.【答案】正确

【解析】信息的存储以字节为单位。

29.【答案】错误

【解析】科学计算是最早的应用,最广泛的应用是数据处理,也称信息处理。

30.【答案】错误

【解析】计算机病毒以预防为主。

31.【答案】正确

【解析】信息处理是目前计算机应用最广泛的领域。

32.【答案】正确

【解析】CPU只能访问计算机内存,外存必须调入内存。

33.【答案】错误

【解析】外存才是计算机的外部设备。

34.【答案】正确

【解析】软盘的写保护窗口可以防止感染病毒,封住方孔,可读可写;露出方孔,只读不写。

35.【答案】正确

【解析】中央处理器(CPU)组成:控制器,指挥系统,从RAM中取出指令执行;运算器,算术运算、逻辑运算。

36.【答案】正确

【解析】计算机内部都是用二进制形式表示数据。

37.【答案】正确

【解析】常用输入设备:鼠标、键盘、光笔、扫描仪,鼠标、键盘是计算机必备的输入设备。

38.【答案】正确

【解析】会计软件是解决会计核算的应用软件。

39.【答案】正确

【解析】只有硬件没有软件的计算机通常称为"裸机"。

40.【答案】正确

【解析】计算机只能执行机器语言。

41.【答案】错误

【解析】CAM 是辅助制造,辅助设计是 CAD。

42.【答案】正确

【解析】数据处理是以数据为原料,经过加工获取有用信息的过程,信息是产品。

43.【答案】正确

【解析】系统软件靠近硬件,操作系统最接近硬件;应用软件面向用户,解决实际问题。

44.【答案】正确

【解析】计算机的硬件包括五大部件,CPU 只是其中的两大部件(控制器和运算器)。

45.【答案】正确

【解析】引导型病毒指寄生在磁盘引导区或主引导区的计算机病毒。此种病毒利用系统引导时,不对主引导区的内容正确与否进行判别的缺点,在引导型系统的过程中侵入系统,驻留内存,监视系统运行,待机传染和破坏。按照引导型病毒在硬盘上的寄生位置又可细分为主引导记录病毒和分区引导记录病毒。

46.【答案】错误

【解析】汇编语言是一种符号化的机器语言,它将难以记忆和辨认的二进制指令码用有意义的英语单词(或缩写)作为助记符来表示,从而使程序的编写、修改和阅读得到改进。计算机在执行汇编语言编写的程序时,首先要将用汇编语言编写的程序翻译成机器语言程序(目标程序),然后才能执行。这种翻译程序被称为汇编程序,翻译过程则被称为汇编。

47.【答案】正确

【解析】信息处理是计算机最广泛的应用,人事管理、仓库管理、银行业务、预订机票都属于信息处理。

48.【答案】正确

【解析】有些计算机病毒进入系统后并不立即发作,而是长期隐藏在系统中,等待满足特定的触发条件时才发作。这些触发条件是病毒设计者预先设计的,不仅包括日期或时间,还可能是文件运行的次数等。

49.【答案】正确

【解析】计算机服务器包括文件服务器、打印服务器、邮件服务器、应用程序或数据库服务器等。

50.【答案】正确

【解析】机器语言计算机可以直接执行,功能强,占用内存少,执行速度快。

第三章 会计软件的应用

一、单选题

1.【答案】C

【解析】账务处理作为整个会计核算软件的核心,通过凭证的输入和处理,完成记账、算账、对账、转账、结账、账簿查询及账务数据管理等功能。财产清查不属于账务处理的工作内容。

2.【答案】A

【解析】定义报表尺寸是指设置报表的行数和列数。

3.【答案】C

【解析】记账凭证记账后成为正式会计档案,不能再被修改。

4.【答案】C

【解析】现行会计制度统一规定了各行业一级科目编号,单位只能设置符合自己单位的明细科目。

5.【答案】C

【解析】一级科目编码为4位,第二级为2位,第三级为2位,第四级为2位,所以科目编码长度,只可能是4位、6位、8位和10位。选项C科目编码长度为7位,不符合科目编码规则。

6.【答案】D

【解析】删除会计科目应遵循"自下而上"的原则,先删除下一级科目,然后再删除本级科目。有发生额或有余额的会计科目,不能修改也不能删除,必须先删除本级及其下级科目的发生额或有余额,才能修改或删除该科目。

7.【答案】A

【解析】在初次使用账务处理子系统时,应将经过整理的手工账目的期初余额录入计算机。若企业是在年初建账,则输入的期初余额就是年初余额。2005年1月1日是年初。

8.【答案】A

【解析】收款凭证的借方科目一定是"现金"或"银行存款"科目,一般设置为借方必有。

9.【答案】D

【解析】三种方法都可以输入摘要。

10.【答案】A

【解析】采用直接输入原始凭证由会计核算软件自动生成记账凭证的,在生成正式机内记账凭证前,应当进行审核确认。

11.【答案】D

【解析】发现已审核且还未记账的凭证有错误时,应该取消审核后再修改凭证。

12.【答案】A

【解析】具有明细科目的总账科目均可用多栏账格式输出其明细账。

13.【答案】C

【解析】结账实际上就是指计算和结转各账簿的本期发生额和期末余额,并终止本期的账务处理工作,结账前,系统要进行数据备份。

14.【答案】A

【解析】电算化条件下,编制凭证仍然需要用人工完成。

15.【答案】B

【解析】我们通常按会计核算软件的职能来划分功能模块,并以账务处理为中心来划分结构,账务处理子系统是会计核算软件的核心模块。

16.【答案】C

【解析】会计核算软件的会计数据输入采用键盘手工输入、软盘输入和网络传输等几种形式,不包括扫描输入。

17.【答案】D

【解析】会计电算化前提下,应用会计软件,设置的经济实体的所有往来信息的一整套记录(会计凭证、账簿)、会计报表和统计分析报表,简称为一个账套。一般一个企业只用一个账套,如果企业有几个下属的独立核算的实体,就可以建几个账套。

18.【答案】C

【解析】会计科目编号,是一个良好的会计科目编号系统,必须要有一定的章法和合乎逻辑;编号的每一"数码",能够准确显示会计科目的内容、性质与意义,以及便于记忆与运用的要求。一般使用分组数字码划分级次和级长。

19.【答案】A

【解析】财政部规定的一级科目编码的第一位,即科目大类代码为:"1=资产","2=负债","3=所有者权益","4＝共同","5＝成本","6＝损益"。

20．【答案】B

【解析】初始余额录入完成后,计算机通过试算平衡自动校验借贷双方总额平衡。

21．【答案】C

【解析】账务处理初始化的主要内容包括：系统总体参数的设置(设置核算单位、启用日期、编码规则等)、设置凭证类别、设置会计科目、输入初始余额、设置自动转账分录以及其他初始设置等。启用账套后,操作员不能再修改初始余额。

22．【答案】B

【解析】填制凭证时,操作员输入科目代码后,系统将自动显示科目名称,所以输入科目代码、科目名称和助词码都行。

23．【答案】C

【解析】凭证的编号应遵守连续性控制。

24．【答案】A

【解析】发现已经输入并审核通过或者登账的记账凭证有错误的,应当采用红字凭证冲销法或者补充登记凭证法进行更正,红字可用负号"－"表示。

25．【答案】D

【解析】凭证的编号应遵守连续性控制,只能从最后的开始删除。

26．【答案】A

【解析】结账一个月只能结一次,记账可以多次。

27．【答案】C

【解析】从手工银行对账转变为计算机银行对账,较合适的时机是在月末,可以减少银行未达账的输入和处理。

28．【答案】B

【解析】银行对账是机内银行存款日记账与输入的银行对账单及适当的手工辅助操作,核对金额与方向,自动生成银行存款余额调节表。

29．【答案】C

【解析】报表的基本结构：标题、表头、表体和表尾,表体是表格的主体,是报表的数据部分,表体由表格单元和表格线构成。

30．【答案】C

【解析】编制会计报表,主要是确定变动表元的值,通过公式取数自动计算机变动表元的值。

31．【答案】A

【解析】常用的财务报表数据一般来源于总账系统账簿数据或报表系统本身,取自于报表的数据又可以分为从本表取数和从其他报表的表页取数。UFO报表系统中,取数是通过函数实现的。期末数QM( )属于账务取数函数,数据来源于总账系统账簿数据。

32．【答案】B

【解析】尽管变动表元的值每月都在变,但它们的数据来源是相对不变的。

33．【答案】A

【解析】计算公式定义了报表数据之间的运算关系,可以实现报表系统从其他子系统取数。

34．【答案】D

【解析】凭证、账簿、报表数据间存在勾稽关系。

35．【答案】C

【解析】在机内总分类账和明细分类账的直接登账依据完全相同的情况下,总分类账可以用总分类账户本期发生额的余额对照表替代。

36.【答案】C

【解析】在填制凭证时,如果涉及项目辅助核算科目,输入的项目是项目目录。

37.【答案】C

【解析】填制凭证时,输入的会计科目编码应当是末级科目。

38.【答案】B

【解析】取总账系统某账户本期发生额的函数名为QC( ),期初额函数。

39.【答案】A

【解析】建立账套时,需要以系统管理员ADMIN的身份注册系统管理。

40.【答案】A

【解析】报表的单元名称由表示列的字母和表示行的数据组成。故选A。

41.【答案】B

【解析】QM( )是期末额函数,1001是科目编码,月是取本月,公式QM("1001",月)的含义是取1001科目的本月期末余额。

42.【答案】D

【解析】固定资产核算模块中,每月必须进行的业务是折旧计提。

43.【答案】B

【解析】报表子系统生成的对内会计报表是管理用会计报表。会计报表按其服务的对象,可以分为对内报表和对外报表。对内报表是指为企业内部经营管理服务而编制的不对外公开的会计报表,它不要求统一格式,没有统一的指标体系,如成本表就属于对内报表;对外报表是指企业为满足国家宏观经济管理部门、投资者、债权人及其他有关会计信息使用者对会计信息的需求而编制的对外提供服务的会计报表,它要求有统一的报表格式、指标体系和编制时间等,资产负债表、利润表和现金流量表等均属于对外报表。

44.【答案】D

【解析】结账前要进行数据备份。

45.【答案】B

【解析】修改套账信息需账套主管操作。

46.【答案】A

【解析】编制记账凭证、凭证审核、记账、结账和编制报表。

47.【答案】A

【解析】应收款核销方式,系统提供按余额、单据、存货核销等方式。

48.【答案】D

【解析】已审核凭证的标志是经审核人员签字的凭证。

49.【答案】A

【解析】填制会计凭证时,金额不能为零。

50.【答案】A

【解析】报表的基本结构:

表头:报表的编号、报表的名称、编表单位名称、编制日期、货币单位

表体:列示具体内容,有账户式结构如资产负债表,有多步式结构如损益表

表尾:(附注:对正表内容中未能说明的事项或明细项目提供补充、辅助说明;签章:企业公章、企业法人章、总会计师章、财务负责人章、复核人章、制表人章。)

51.【答案】B

【解析】报表区域左上角单元与右下角单元之间用":"连接,不连续单元用","连接。

52.【答案】D

【解析】记账凭证的编号可以由手工输入,也可以由会计核算软件自动产生。会计核算软件应当对记

账凭证编号的连续性进行控制。

53.【答案】B

【解析】会计核算软件应具备以下初始化功能：输入会计核算所必需的期初数字及有关资料、输入需要在本期进行对账的未达账项、选择会计核算方法、定义自动转账凭证、输入操作人员的岗位分工情况、提供必要的方法对输入的初始数据进行正确性校验。

54.【答案】D

【解析】报表的自定义功能，包括定义会计报表的格式、项目、各项目的数据来源、表内和表间的数据运算和稽核关系等。

55.【答案】C

【解析】初始单位信息的输入过程中，必须输入的项目是单位名称。

56.【答案】C

【解析】取消审核标志只能由最初审核的人取消。

57.【答案】C

【解析】会计报表系统不需要为账务处理系统生成记账凭证，应收、应付、存货、工资和固定资产模块都会产生记账凭证传递到总账系统。

58.【答案】C

【解析】单元（又称表元）是组成报表的最小单位。单元名称由所在行、列标识。例如：C8表示第3列第8行交汇的那个单元。UFO的单元类型有数值单元、字符单元、表样单元3种，通常默认为数值单元。

59.【答案】C

【解析】当一个科目设置为个人往来核算时，只能再设置项目核算。

60.【答案】A

【解析】同一报表的不同表页报表格式相同，报表数据不同。

61.【答案】B

【解析】自定义报表格式是由使用者自行设定的，因此B选项的说法是错误的。

62.【答案】D

【解析】在报表管理系统中，可以用关键字来唯一标志一个表页。

63.【答案】C

【解析】在报表格式状态下可以进行有关格式的操作，包括表尺寸、行高列宽、单元属性、单元风格、组合单元、关键字等，以便定义报表的单元公式、审核公式及舍位平衡公式等。关键字录入是数据状态的操作步骤。

64.【答案】C

【解析】彻底删除一张未审核的凭证，正确的操作应该是先作废，再整理凭证断号。

65.【答案】A

【解析】银行对账是企业出纳最基本的工作之一，一般涉及现金和银行的业务主要是出纳的工作。

66.【答案】D

【解析】关键字的显示位置在格式状态下设置，关键字的值则在数据状态下录入，每个报表可以定义多个关键字。

67.【答案】D

【解析】账套号用三位数表示，从001到999，最多可建999套账。

68.【答案】B

【解析】凭证可以分类也可以不分类，系统提供五种常用分类方式供用户选择，凭证分类不影响记账的结果，业务量较少的单位可不分类，即只设置"记账凭证"一种类别。

69.【答案】D

【解析】系统提供了常用的六种折旧方法：不提折旧、平均年限法（一和二）、工作量法、年数总和法、双倍余额递减法，并列出了它们的折旧计算公式。这几种方法是系统缺省的折旧方法，只能选用，不能删除和修改。另外可能由于各种原因，这几种方法不能满足需要，系统提供了折旧方法的自定义功能。

70.【答案】B

【解析】制单时，此类凭证的贷方限制科目至少有一个发生额。

71.【答案】D

【解析】工资核算系统的任务是以职工个人的工资原始数据为基础，计算应发工资、扣款小计和实发工资等，编制工资结算单；按部门和人员类别进行汇总，进行个人所得税计算；提供多种方式的查询，打印工资发放表、各种汇总表及个人工资条；进行工资费用分配与计提，并实现自动转账处理。工薪税率是国家统一设定的，单位无权更改。

72.【答案】D

【解析】通过工资分摊生成的会计凭证，将传递到账务处理管理模块。

73.【答案】C

【解析】工资管理模块中，工资数据编辑的所有项目内容，来自工资项目定义。

74.【答案】B

【解析】工资核算系统中的工资项目定义和内容，是根据用户的实际需要建立的。

75.【答案】A

【解析】应付款系统的目标：(1) 正确选择结算方式与结算时间，跟踪应付账款的到期期限，争取合理折扣；(2) 及时核算企业应付账款与预付账款，反映和监督采购资金支出和应付情况；(3) 及时提供债务总额和现金需要量，为采购管理提供决策支持。

76.【答案】D

【解析】成本核算功能模块。主要的基本任务是归集和分配各种成本费用，及时计算产品的总成本和单位成本。

77.【答案】B

【解析】为了体现通用的特点，通用会计核算软件一般都设置"初始化"模块，用户在首次使用通用会计核算软件时，必须首先使用该模块，对本单位的所有会计核算规则进行初始化设置，从而把通用会计核算软件转化为适合本单位核算的专用会计核算软件。

78.【答案】D

【解析】凭证一旦保存，其凭证类别、凭证编号不能修改。

79.【答案】C

【解析】银行对账指出纳期末将企业的银行存款日记账与银行送来的对账单进行核对并编制银行存款余额调节表。

80.【答案】D

【解析】发货单由销售部门根据销售订单产生，经审核后生成销售出库单通知仓库备货并进行销售出库处理。

81.【答案】B

【解析】输入关键字必须在报表数据状态下进行。

82.【答案】B

【解析】系统规定每页凭证有五条记录，当某号凭证不只一页时，系统将自动在凭证号后面标上分单号，如：收-0045号0002/0003表示收款凭证第0045号凭证共有三张分单，当前光标所在分录在第二张分单上。

83.【答案】B

【解析】企业常用的财务报表数据一般来源于总账系统或报表系统本身，取自于报表的数据又可以分为从本表取数和从其他报表的表页取数。UFO 报表系统中,取数是通过函数实现的,自总账取数的公式可以称为账务函数,所以账务函数是通用报表系统和账务处理系统的桥梁。

84.【答案】A

【解析】报表制作分为两大部分来处理,即报表格式与公式设计(报表定义)以及报表数据处理(报表实际编制)工作。这两部分工作是在不同状态下进行的。

85.【答案】A

【解析】客户往来查询中的科目明细账用于查看客户、客户分类、地区分类、部门、业务员、存货分类、存货、客户总公司、主管业务员、主管部门在一定期间内发生的应收及收款的明细情况。

86.【答案】C

【解析】应付款系统基本功能包括:(1)初始设置;(2)日常处理业务(单据处理、转账处理、凭证处理);(3)期末处理(统计分析、账表输出)。

87.【答案】A

【解析】账龄区间一般以天为单位进行分析。

88.【答案】A

【解析】在应收账款核算系统初始化中,需要录入每笔未核销的往来业务单据,以防止销售款项的遗漏。

89.【答案】C

【解析】凡涉及采购与接受劳务的记账凭证一般由应付款系统处理。

90.【答案】C

【解析】使用科目代码便于反映会计科目间的上下级逻辑关系;便于计算机识别和处理,将会计科目编码作为数据处理的关键字,便于检索、分类及汇总等;减少输入工作量,提高输入速度;促进会计核算的规范化和标准化。

91.【答案】C

【解析】科目编码也可以是科目名称,且必须用双引号括起来,不能省略。

92.【答案】D

【解析】一个 UFO 报表最多可容纳 99,999 张表页,一个报表中的所有表页具有相同的格式,但其中的数据不同。表页在报表中的序号在表页下方以标签的形式出现,称为"页标"。页标用"第 1 页"-"第 99999 页"表示。

93.【答案】A

【解析】报表处理系统中的打开、关闭、保存等命令都是根据报表名字(文件名)进行处理。

94.【答案】A

【解析】账务处理系统期初余额录入后,其数据是否正确是由计算机试算平衡自动检验。

95.【答案】A

【解析】只有制单人先修改,然后取消标错,才能再审核。

96.【答案】A

【解析】为了明确操作员的工作范围和职责,应为每个操作员设定操作权限。

97.【答案】A

【解析】凭证一经审核,不能被修改、删除;只有取消审核签字后才可以修改或删除;已标记作废的凭证不能被审核,需先取消作废标记后才能审核。

98.【答案】B

【解析】自本表其他表页取数的函数,可以使用 SELECT 函数从本表其他表页取数或者直接以页标号作为定位依据,指定取某张表页的数据。

例 1 C1 单元取自上个月的 C2 单元的数据:C1 = SELECT(C2,月@ = 月 +1)。

110

例2　C1单元取自第二张表页的C2单元数据可表示为：C1 = C2@2。

二、多选题

1.【答案】ABC

【解析】建立账套、分配操作员权限、设置账套主管都属于系统管理员的操作权限。

2.【答案】AB

【解析】建立会计账户体系从一级会计科目开始，逐级设置明细科目，编码时，一级会计科目编码按财政部规定（新会计制度规定为四位编码）的编码方案执行，明细科目编码按照具体编码规则设置。一般情况下，会计科目编码采用科目全编码方案。

3.【答案】BD

【解析】凭证审核可以单张审核，也可以成批审核，上月未记账，本月不可以记账。

4.【答案】ABCD

【解析】在结账之前要做下列检查：

（1）检查本月业务是否全部记账，有未记账凭证不能结账。

（2）月末结转必须全部生成并已记账，否则本月不能结账。

（3）检查上月是否已结账，如果上月未结账，则本月不能结账。

（4）核对总账与明细账、主体账与辅助账、总账系统与其他子系统的数据是否已经一致，如果不一致，则不能结账。

（5）检查损益类账户是否已经全部结转完毕，否则本月不能结账。

（6）如果与其他子系统联合使用，则检查其他子系统是否已结账，如果没有，则本月不能结账。结账前要进行数据备份，结账后不得再录入本月凭证，并终止各账户的记账工作；计算本月各账户发生额合计和本月账户期末余额，并将余额结转至下月月初。

5.【答案】ABC

【解析】报表公式定义主要有计算公式、审核公式和舍位平衡公式，计算公式必须定义，审核公式和舍位平衡公式不是必须定义。

6.【答案】ABC

【解析】工资数据计算设置属于日常业务处理。

7.【答案】ABCD

【解析】建立账套应该包括设置账套信息、设置单位信息、确定核算类型、确定分类信息、确定编码方案、设置数据精度、系统启用。

8.【答案】AD

【解析】根据《会计核算软件基本功能规范》的有关规定，记账凭证的编号必须满足以下几项要求：同一类型的记账凭证必须保证当月凭证编号的连续；可以由手工输入，也可以由会计核算软件自动产生凭证编号等。

9.【答案】BCD

【解析】报表维护的基本功能包括报表的备份、报表恢复、报表删除和结构复制等。

10.【答案】ABCD

【解析】会计核算软件应具备初始化功能，其中应进行初始化的内容包括：① 操作人员姓名、权限、密码等岗位分工情况的设定；② 固定资产折旧方法、存货计价方法等会计核算方法的选定；③ 会计核算必需的会计科目编码、名称、年初数、累计发生数及有关数量指标；④ 本期进行对账的未达账项等。故选ABCD。

11.【答案】ABCD

【解析】固定资产子系统的特点：(1) 数据量大，数据在计算机内保留时间长；(2) 数据处理的频率较低，数据处理方式比较简单；(3) 输出多，数据综合查询和统计要求较强，数据输出主要以报表形式提供；(4)与成本核算子系统和账务处理子系统存在数据传递关系。

12. 【答案】ABC

【解析】会计核算软件应具备以下初始化功能：输入会计核算所必需的期初数字及有关资料、输入需要在本期进行对账的未达账项、选择会计核算方法、定义自动转账凭证、输入操作人员的岗位分工情况、提供必要的方法对输入的初始数据进行正确性校验。

13. 【答案】ABCD

【解析】固定资产系统一般预置常用的五种折旧方法供选择，即不提折旧、平均年限法、工作量法、年数总和法、双倍余额递减法。

14. 【答案】ABCD

【解析】系统提供五种常用分类方式供用户选择：
(1) 记账凭证；
(2) 收款凭证、付款凭证、转账凭证；
(3) 现金凭证、银行凭证、转账凭证；
(4) 现金收款凭证、现金付款凭证、银行收款凭证、银行付款凭证、转账凭证；
(5) 自定义凭证类别。

15. 【答案】ABCD

【解析】关键字主要有六种：单位名称、单位编号、年、季、月、日，另外还可以自定义关键字。用户可以根据自己的需要设置相应的关键字。

16. 【答案】ABC

【解析】填制凭证时，凭证正文包括的内容有摘要、科目、金额，附件数在凭证头。

17. 【答案】BCD

【解析】账套主管负责所选账套的维护工作。主要包括对所选账套进行修改、对年度账进行管理(包括创建、清空、引入、输出以及各子系统的年末结转、所选账套的数据备份)，以及该账套操作员权限的设置等。

18. 【答案】BC

【解析】这两项不符合位数规范。而字符、"－"号都是合法的科目代码。

19. 【答案】BCD

【解析】BCD 都可通过部门辅助核算实现，而设置部门辅助核算不是设置科目部门级别。

20. 【答案】CD

【解析】在科目设置中指定现金流量科目和在凭证控制中选"现金流量科目必须录现金流量项目"是现金流量项目输入的两个前提条件。

21. 【答案】ABCD

【解析】以上情况都不能结账。

22. 【答案】BC

【解析】期间损益结转是一个自动的过程，定义了结转规则，记了损益账，就可以自动生成结转凭证。

23. 【答案】ABC

【解析】本题考核科目编码的设置。在账务处理系统进行科目设置时，设置的会计科目编码应该符合会计制度规定、符合级次级长要求，编码必须唯一，但是编码不只两位，可能有很多位。故选 ABC。

24. 【答案】ABCD

【解析】是在报表的"数据"状态下管理报表的数据，如输入数据、增加或删除表页、审核、舍位平衡制作图形、汇总、合并报表等。在"数据"状态下不能修改报表的格式，用户看到的将是报表的全部内容，包括格式和数据。

25. 【答案】ABC

【解析】会计核算软件打印输出的明细账应当提供的账簿形式有：三栏账、多栏账和数量金额账等。故选 ABC。

26.【答案】ABCD

【解析】填制凭证输入科目时，可以输入科目编码、中文科目名称、英文科目名称或助记码等。科目编码必须是末级的科目编码。既可以手工直接输入，也可以选择输入。

27.【答案】ACD

【解析】本题考核报表系统的优点。选项 B 属于报表系统的缺点。

28.【答案】AC

【解析】建立账套应该包括设置账套信息、设置单位信息、确定核算类型、确定分类信息、确定编码方案、设置数据精度、系统启用。

29.【答案】BD

【解析】固定资产核算系统除了具有系统初始化、维护、输出功能之外，还必须具有处理固定资产的增减变动、计提固定资产折旧并分配等功能。

30.【答案】ABC

【解析】用友软件中，"银行存款"科目通常会选择日记账、银行账、外币核算辅助核算。

31.【答案】ABCD

【解析】用友软件中，设置会计科目包括：建立会计科目、修改会计科目、删除会计科目、指定会计科目。

32.【答案】ABD

【解析】一个账套不可以没有账套主管。

33.【答案】ABCD

【解析】用友软件中，填制凭证的功能通常包括增加凭证、修改凭证、删除凭证和查询凭证。

34.【答案】ABCD

【解析】日常业务处理的任务主要包括填制凭证、审核凭证、记账、查询和打印输出各种凭证、日记账、明细账和总分类账。

35.【答案】ABC

【解析】基本会计核算账簿管理包括总账、余额表和明细账的查询及打印。

36.【答案】CD

【解析】删除会计科目应遵循"自下而上"的原则，先删除下一级科目，然后再删除本级科目。有余额的会计科目，必须先删除本级及其下级科目的余额，才能修改或删除该科目。

37.【答案】BC

【解析】并不是所有科目都输入期初余额，对于损益类科目一般没有期初余额。如果已经记过账，则不能再录入、修改期初余额，也不能执行"结转上年余额"功能。

38.【答案】ABCD

【解析】账页格式一般有：金额式、外币金额式、数量金额式、数量外币式。

39.【答案】ABCD

【解析】在财务软件中，建立会计科目时，输入的基本内容包括科目编码、科目名称、科目类型、账页格式。

40.【答案】ABCD

【解析】设置基础档案包括设置部门档案、设置职员档案、设置客户档案、设置供应商档案、设置外币及汇率、设置结算方式等。这些档案信息将在设置会计科目、填制凭证等操作中将有选择地被引用。

41.【答案】ABCD

【解析】作为会计电算化账务系统最基本最重要的资料，手工凭证、机制凭证和派生凭证都是合法的凭证来源。

42.【答案】ACD

【解析】应收款系统的主要处理对象是应收单、应收票据、销售发票、收款单等。

43.【答案】ABCD

【解析】应付管理模块日常处理包括单据处理、转账处理、票据管理、生成记账凭证,单据处理包括应付单据处理、付款单据处理、单据核销。

44.【答案】AB

【解析】应付管理模块一般提供按单据、按存货等核销方式。应付管理模块规则选项一般包括核销是否自动生成凭证、预付冲应付是否生成转账凭证等。

45.【答案】AB

【解析】应收模块的转账处理主要包括:应收冲应收、预收冲应收、应收冲应付。应付模块的转账处理主要包括:应付冲应付、预付冲应付、应付冲应收。

46.【答案】BC

【解析】固定资产系统与账务系统的对账,主要是通过设置对账科目固定资产和累计折旧。

47.【答案】AB

【解析】固定资产核算子系统中计算汇总的功能有对本月变动的固定资产卡片上的数据进行汇总和根据初始化中的定义计算折旧费用。

48.【答案】BC

【解析】成本核算系统下成本对象的设置主要是要定义制造费用表和折旧费用表。

49.【答案】ABD

【解析】凭证类别是基础设置。

50.【答案】ABCD

【解析】工资费用分摊项目一般包括应付工资、应付福利费、职工教育经费、工会经费、各类保险等。

51.【答案】ABC

【解析】工资管理系统是针对企业内部人员工资管理而设计的功能模块,不涉及客户的设置。

52.【答案】ABCD

【解析】辅助账查询一般包括客户往来、供应商往来、个人往来、部门核算、项目核算的辅助总账、辅助明细账的查询。

53.【答案】ABCD

【解析】本题考核购置时应该登记的信息,主要包括:购置支票的银行账号、购置支票的支票规则、购置的支票类型、购置日期等。

54.【答案】ABC

【解析】出纳只对涉及银行存款、库存现金的凭证进行签字。

55.【答案】ABCD

【解析】对于凭证的修改可以分为几种情况:(1)未审核的凭证可以直接修改;(2)已审核的凭证需要取消审核后再修改;(3)已记账的凭证只能通过红字冲销法或补充登记法进行更正。

56.【答案】ABC

【解析】编制记账凭证的方式包括:(1)手工编制完成记账凭证后录入计算机;(2)根据原始凭证直接在计算机上编制记账凭证;(3)由账务处理模块以外的其他业务子系统生成会计凭证数据。

三、判断题

1.【答案】正确

【解析】设置账龄区间是指为进行应收账款账龄分析,根据欠款时间,应应收账款划分为若干等级,以便掌握客户欠款时间的长短,可以根据需要修改和删除。

2.【答案】正确

【解析】一个账套可以设定多个账套主管。

3.【答案】错误

【解析】删除会计科目应先删除本级科目,然后再删除上一级科目。

4.【答案】错误

【解析】输入期初余额时,上级科目的余额和累计发生数据是系统自动汇总计算。

5.【答案】正确

【解析】审核与制单不能为同一人。

6.【答案】正确

【解析】金额不能为"零",红字以"-"号表示。

7.【答案】正确

【解析】结账实际上就是指计算和结转各账簿的本期发生额和期末余额,并终止本期的账务处理工作。

8.【答案】错误

【解析】结账后不得再录入本月凭证,并终止各账户的记账工作。

9.【答案】正确

【解析】用友报表系统中,设置关键字是在格式状态下进行的。

10.【答案】正确

【解析】审核公式:用于审核报表内或报表之间的勾稽关系是否正确,审核公式不是必须定义的。

11.【答案】正确

【解析】折旧分配表是制作记账凭证,把计提折旧额分配到有关成本和费用的依据,折旧分配表有两种类型:类别折旧分配表和部门折旧分配表。

12.【答案】错误

【解析】应收账款核销是指销售发票与收款单之间的核销。

13.【答案】错误

【解析】建立账套时,如果选择"是否按行业预置科目",则系统会自动建立企业所需的一级会计科目。

14.【答案】正确

【解析】用户设置的每一种外币,除了给出货币代码、名称、折算方式、小数位数之外,还应选定是固定汇率还是浮动汇率,并至少给出本期期初汇率。

15.【答案】正确

【解析】汇率的有固定汇率和浮动汇率。

16.【答案】正确

【解析】在会计业务活动中,应收/应付账款均为往来业务科目,因此一般也称应收/应付账款的核算为往来账管理核算模块。

17.【答案】错误

【解析】在工资系统中设置银行档案的主要目的是银行代发工资。

18.【答案】错误

【解析】按照现行会计制度的规定,一级科目的位长需要设置为4位位长。

19.【答案】错误

【解析】科目一经使用,即已经输入凭证,则不允许修改或删除该科目,不允许作科目升级处理,此时,只能增加同级科目,而不能在该科目增设下级科目。

20.【答案】错误

【解析】红字冲销凭证也需要审核才能记账,所以冲销不等于删除。

21. 【答案】错误

【解析】用户正确外部系统生成的凭证也需要进行审核和记账处理,但无权修改和删除。

22. 【答案】错误

【解析】发现凭证有误,未审核可以修改,审核后要取消审核由制单人修改,如果已经记账,发现已经输入并审通过或者登账的记账凭证有错误的,应当采用红字凭证冲销法或者补充登记凭证法进行更正。

23. 【答案】正确

【解析】账套号是区别不同账套的唯一标识。

24. 【答案】错误

【解析】有数量辅助核算的科目在录入数量及单价后,余额自动计算,不需输入。

25. 【答案】错误

【解析】会计期间定义中会计月可以根据结算要求定义到月中某天。

26. 【答案】错误

【解析】审核与制单为不相容岗位,不能为同一人。

27. 【答案】错误

【解析】用友报表系统中,数值单元的内容可以直接输入或由单元中存放的单元公式运算生成。

28. 【答案】正确

【解析】银行对账是货币资金管理的主要内容。在计算机总账系统中,银行对账科目的科目性质在科目设置时应定义为"银行账"辅助账类。

29. 【答案】正确

【解析】记账工作由计算机自动进行数据处理,每月可多次进行。

30. 【答案】正确

【解析】业务量较少的单位可不进行凭证分类,即只设置"记账凭证"一种类别。

31. 【答案】正确

【解析】指定会计科目是指定出纳专管的科目。指定科目后,才能执行出纳签字,从而实现现金、银行账管理的保密性,也才能查看现金或银行存款日记账。

32. 【答案】错误

【解析】所设置的操作员一旦被引用,不可以被修改和删除。

33. 【答案】正确

【解析】报表数据处理一般是针正确某一特定表页进行的,因此,在数据处理时还涉及表页的操作,如增加、删除、插入、追加表页等。报表数据处理工作必须在"数据"状态下进行。

34. 【答案】正确

【解析】关键字主要有六种:单位名称、单位编号、年、季、月、日,另外还可以自定义关键字。用户可以根据自己的需要设置相应的关键字。

35. 【答案】正确

【解析】用友报表系统中,单元风格主要指的是单元内容的字体、字号、字型、正确齐方式、颜色图案等。

36. 【答案】正确

【解析】会计年度终了进行结账时,会计核算软件应当提供在数据磁带、可卸硬磁盘等存储介质的强制备份功能。

37. 【答案】错误

【解析】会计核算软件应当按照国家统一的会计制度规定划分会计期间,分期结算账目和编制会计报表,不能任意划分会计期间。

38. 【答案】正确

【解析】账务处理模块为报表等其他功能模块提供数据来源。

39. 【答案】正确

【解析】账务处理模块为报表等其他功能模块提供数据来源。

40. 【答案】正确

【解析】工资系统中的部门档案、人员档案如果在账务系统中已经进行过设置,在工资系统中就不需要再次进行设置,而可以直接使用。

41. 【答案】正确

【解析】在录入凭证之前,应进行凭证类别的设置;已使用的凭证类别不能删除,也不能修改类别字;某些类别的凭证在制单时正确科目有一定限制(本系统提供五种限制类型:(1)借方必有;(2)贷方必有;(3)凭证必有;(4)凭证必无;(5)无限制);如果限制科目为非末级科目,则在制单时,其所有下级科目将受到同样的限制。

42. 【答案】正确

【解析】工资核算系统可以进行工资费用和"三费"等费用的分配设置,并自动根据设置产生转账凭证,传输到账务系统和成本系统。

43. 【答案】错误

【解析】若会计科目没有涉及辅助核算,可以直接输入总账期初余额;若会计科目涉及辅助核算,不可以直接输入总账期初余额,正确于设置为辅助核算的科目,双击期初余额栏,系统会自动地为其开设辅助账页。与此相正确应,在输入期初余额时,这类科目总账的期初余额是由辅助账的期初明细汇总而来的,也就是说不能直接输入总账期初数。

44. 【答案】正确

【解析】账处处理系统提供了按月和按日两种方式查询现金和银行存款日记账。

45. 【答案】错误

【解析】职工档案管理是工资核算子系统主要是工资成本核算管理和费用分配,没有职工档案管理。

46. 【答案】正确

【解析】采购系统的往来是供应商,所有票据都必须在应付款系统输入;销售系统的往来是客户,所有票据都必须在应收款系统输入。

47. 【答案】正确

【解析】固定资产系统在计提折旧的同时一般自动按使用状态生成折旧费用分配表。

48. 【答案】正确

【解析】结账前,操作员应检查有前费用是否已提取、分摊完毕,否则本月不能结账。

49. 【答案】错误

【解析】随着会计期间的变化数据会变化,但从早到晚但是计算公式(规律)是不变的。

50. 【答案】正确

【解析】在会计电算化条件下,可以根据原始凭证直接在计算机上编制记账凭证。采用这种方式应当在记账前打印出会计凭证并由经办人签章。

51. 【答案】正确

【解析】制单人员就是填制凭证人员。

52. 【答案】正确

【解析】在编制报表时可以选择整表计算或表页重算,整表计算是将该表的所有表页全部进行计算,而表页重算仅是将该表页的数据进行计算。

53. 【答案】错误

【解析】固定资产系统每月结账后当期的数据不可以修改。

54. 【答案】错误

【解析】如果同时使用应付款管理与采购管理系统,则与采购有关的票据均应从采购管理系统中输入,应付款系统可以与之共享这些数据。

55.【答案】错误

【解析】工资类别管理,工资系统是按工资类别来进行管理,每个工资类别下有职工档案、工资变动、工资数据、报税处理、银行代发等等;人员类别(职工类别),人员类别与工资费用的分配、分摊有关,以便于按人员类别进行工资汇总计算。

56.【答案】错误

【解析】发现已经输入并审核通过或者登账的记账凭证有错误误的,应当采用红字凭证冲销法或者补充登记凭证法进行更正。

57.【答案】正确

【解析】凭证编号一定要有连续性控制。

58.【答案】错误

【解析】一般来说,业务量不大或会计基础工作较好或使用网络版的单位可采用前台处理方式,而在第一年首次使用总账系统或正处于人机并行阶段,则采用后台处理方式比较适合。

59.【答案】错误

【解析】在客户档案建立过程中,客户编码和客户名称必须输入,客户简称也必须输入。

60.【答案】错误

【解析】科目编码必须唯一,且必须按其级次的先后次序建立。科目编码只能由数字、英文字母及减号(-)、正斜杠(\)表示,其他字符(如 &″ ';空格等)禁止使用。

61.【答案】正确

【解析】一般情况下,由系统分类按月自动编制,即每类凭证每月都从0001号开始,正确于网络用户,如果是几个人同时制单时,在凭证的右上角,系统提示了一个参考凭证号,真正的凭证编号只有在凭证已填制并经保存完毕后才给出,如果只有一个人制单或使用单用户版制单时凭证右上角的凭证号即是正在填制的凭证的编号。

62.【答案】正确

【解析】一般情况下,经过账务系统的记账后,固定资产核算系统才应该和账务系统进行正确账。

63.【答案】正确

【解析】在固定资产系统中如果系统允许定义折旧分配周期,则每个分配周期期末才生成折旧费用分配表。

64.【答案】错误

【解析】工资管理系统的特点:工资结构的可变性、设置必须灵活方便、工资数据来源多、与其他系统联系紧密。

65.【答案】错误

【解析】固定资产卡片表中的数据项可以调整。

66.【答案】错误

【解析】输入凭证时,科目只能是最末明细科目。

67.【答案】错误

【解析】固定资产核算系统向成本核算系统提供的数据主要是折旧计提,产生折旧分配表。

68.【答案】错误

【解析】固定资产核算软件在用友软件中,是一个子系统,固定资产管理系统与总账、成本和报表系统都有数据联系。

69.【答案】正确

【解析】基本工资是计算职员工资必须的数据,在使用工资模块时要将职员的基本工资全部录入。

70.【答案】正确

【解析】该题针对"固定资产管理模块期末处理知识点进行考核。

71.【答案】错误

【解析】资金日报表以日为单位,列示现金、银行存款科目当日累计借方发生额和贷方发生额,计算出当日的余额,并累计当日发生的业务笔数,正确每日的资金收支业务、金额进行详细汇报。

第四章 电子表格软件在会计中的应用

一、单项选择题

1.【答案】A

【解析】所选定的数据区域将按主要关键字值的大小进行排序,主要关键字值相同的行,若指定了次要关键字,则按次要关键字值的大小进行排序,次要关键字也相同的行再按第三关键字值的大小进行排序。

2.【答案】C

【解析】单击分类汇总工作表窗口左边的分级显示区中的按钮"1",只显示列表中列标题和总计结果。

3.【答案】C

【解析】数据的筛选是指利用"数据"菜单中的"筛选"命令对数据清单中的指定数据进行查找和其他工作。筛选后的数据清单仅显示那些包含了某一特定值或符合一组条件的行,暂时隐藏其他行。

4.【答案】D

【解析】利用记录单能够编辑任意指定的记录,修改记录中的某些内容,还可以增加或删除记录。

5.【答案】C

【解析】Excel中,数据库是通过数据清单或列来实现的。

6.【答案】A

【解析】选项B表示的是DAY( )函数;选项C,表示的是MONTH( )函数;选项D,表示的是YEAR( )函数。

7.【答案】A

【解析】COUNTIF函数的主要功能是统计某个单元格区域中符合指定条件的单元格数目。

8.【答案】B

【解析】跨工作表单元格引用的格式:工作表名!数据源所在单元格地址;跨工作簿单元格引用的格式:[工作簿名]工作表名!数据源所在单元格地址。

9.【答案】B

【解析】混合引用是指所引用单元格地址的行标与列标只有一个是相对的,可以发生变动,而另一个是绝对的。

10.【答案】C

【解析】为了改变运算优先顺序,应将公式中需要最先计算的部分使用一对左右小圆括号括起来,不能使用中括号。

11.【答案】C

【解析】冒号(:)是联合运算符,将多个引用合并为一个引用。比如引用A1到G2的单元格区域的公式是"=SUM(A1:G2)"。

12.【答案】C

【解析】使用"锁定单元格"功能必须启用保护工作表功能。

13.【答案】C

【解析】选项A,表示复制;选项B,表示粘贴;选项D,表示剪切。

14.【答案】A

【解析】Excel 表中直接输入?/?,默认表示的是日期函数。

15.【答案】A

【解析】在 Excel 中,在单元格中输入文字默认的对齐方式是左对齐,数字默认的是右对齐。

16.【答案】D

【解析】当输入的内容超过单元格的列宽时,则单元格显示########,此时可进行列宽的调整,使单元格的内容显示完全。

17.【答案】B

【解析】通过功能键"F2"可以切换当前单元格的状态。选项 ACD 对 Excel 不产生影响。

18.【答案】B

【解析】选项 B,"Ctrl＋S"是保存的快捷键,不能通过此操作建立新空白工作簿。

19.【答案】A

【解析】选项 B 和 C,"Ctrl＋F4"和"Ctrl＋W"是关闭文件的快捷键;选项 D,"Ctrl＋S"是保存文件的快捷键。

20.【答案】A

【解析】工具栏默认位于菜单栏的下方,但可移动到窗口的其他适当位置,它由一系列与菜单选项命令具有相同功能的按钮组成。

21.【答案】D

【解析】任务窗格包括"开始工作"、"帮助"、"搜索结果"、"剪贴画"、"信息检索"、"剪贴板"、"新建工作簿"、"模板帮助"、"共享工作区"、"文档更新"和"XML 源"等 11 个任务窗格。选项 ABC 属于功能区的内容。

22.【答案】D

【解析】Excel 2003 默认用户界面由标题栏、菜单栏、工具栏、编辑区、工作表区、状态栏和任务窗格等组成,选项 D,功能区属于 Excel 2007 用户界面的组成要素。

23.【答案】B

【解析】选项 A,菜单栏包含"文件"、"编辑"、"视图"、"插入"、"格式"、"工具"、"数据"、"窗口"和"帮助"等 9 个默认的菜单项;选项 C,工作表区由工作表、工作表标签、标签滚动按钮、滚动条和滚动条按钮、列和列号、行和行号、全选按钮、单元格等要素组成;选项 D,任务窗格包括"开始工作"、"帮助"、"搜索结果"、"剪贴画"、"信息检索"、"剪贴板"、"新建工作簿"、"模板帮助"、"共享工作区"、"文档更新"和"XML 源"等 11 个任务窗格。

24.【答案】B

【解析】工作表由若干行和若干列组成,列标记为：A、B、C、D……,行标记为：1、2、3、4……,所以 C4 表示第 4 行第 3 列。

25.【答案】A

【解析】选项 B,Ctrl＋C 是复制的快捷键;选项 C,Ctrl＋V 是粘贴的快捷键;选项 D,Ctrl＋X 是剪切的快捷键。

26.【答案】C

【解析】Excel2007 中,每个工作簿默认含有 3 张工作表。

二、多项选择题

1.【答案】AB

【解析】Excel 数据清单的筛选可以通过快速筛选和高级筛选形式实现。

2.【答案】ABCD

【解析】数据透视表的设置值的汇总依据有求和、计数、平均值、最大值、最小值、乘积、数值计数、标准偏差、总体偏差、方差和总体方差。

3.【答案】BCD

【解析】在记录单中修改记录,可先找到该记录,然后直接在文本框中修改,当字段内容为公式时不可修改和输入。

4.【答案】ABC

【解析】选项D,LOOKUP属于查找与引用函数。

5.【答案】CD

【解析】选项AB,属于常用函数中的日期与时间函数;选项CD属于基本财务函数的范畴。

6.【答案】ACD

【解析】选项B,SUM(A1,A6)表示的是求A1和A6单元格的和。

7.【答案】ABD

【解析】单元格的引用类型包括相对引用、绝对引用、混合引用。在相对引用和绝对引用可以同时出现在同一张工作表中。

8.【答案】ABC

【解析】算术运算符包括加、减、乘、除、乘方等。选项D是文本运算符。

9.【答案】ABCD

【解析】本题考核数据的填充知识点。

10.【答案】ABCD

【解析】Excel文件的修改通常在已打开的Excel文件中进行,包括修改单元格内容、增删单元格和行列、调整单元格和行列的顺序、增删工作表和调整工作表顺序等。

11.【答案】BCD

【解析】本题考核工作表的重命名知识点。

12.【答案】AD

【解析】选项B,在所有活动单元格中,只有当前活动单元格的名称显示在名称框中;选项C,活动单元格不一定是当前的单元格,而当前单元格和当前活动单元格一定属于活动单元格。

13.【答案】AB

【解析】按"CTRL"键,同时单击单元格是选择不连续的单元格,而非选择区域。

14.【答案】ABCD

【解析】电子表格软件的主要功能有:建立工作簿、管理数据;实现数据网上共享;制作图表;开发应用系统。

15.【答案】AB

【解析】"编辑"和"视图"菜单中均无全选命令。

三、判断题

1.【答案】错误

【解析】如果要撤销分类汇总的结果,单击数据清单中的任意一个单元格,然后执行"数据"中的"分类汇总"命令,在"分类汇总"对话框中单击"全部删除"按钮,分类汇总的结果即被删除。

2.【答案】错误

【解析】对汉字的排序还可以使用字母排序。

3.【答案】错误

【解析】数据清单是一种包含一行标题或多行数据且每行同列数据的类型和格式完全相同的Excel工作表;记录单又称数据记录单,是快速添加、查找、修改或删除数据清单中相关记录的对话框。

4.【答案】错误

【解析】数据清单中的每一列的数据属性必须相同。

5.【答案】错误

【解析】在 Excel 中,计算工作表 C2~C5 数值的平均数,使用的函数是 AVE(C2:C5)。SUM(C2:C5) 求的是工作表 C2~C5 数值之和。

6.【答案】正确

【解析】函数的定义。

7.【答案】错误

【解析】如果公式使用的是相对引用,公式记忆的是源数据所在单元格引用源数据的单元格的相对位置。

8.【正确答案】正确

【答案解析】本题考核跨工作表单元格引用的格式。

9.【答案】错误

【解析】如果要使复制公式时数据源的位置不发生改变,应当使用绝对引用。

10.【答案】正确

【解析】Excel 中运算符的优先级次从高到低依次是冒号、空格、逗号、负号、百分比、乘方、乘和除、加和减、&、等于、大于和小于、大于等于、小于等于、不等于。

11.【答案】错误

【解析】如果公式使用的是相对引用,公式记忆的是源数据所在单元格引用源数据的单元格的相对位置。

12.【答案】错误

【解析】Excel 中公式必须以"="开始。

13.【答案】错误

【解析】对于设置权限密码的 Excel 文件,只有输入正确的密码才能打开。

14.【答案】错误

【解析】在编辑状态下,按"Delete"键可以逐一删除当前单元格里位于光标前面的字符;按"Backspace"键可以逐一删除当前单元格里位于光标前面的字符。

15.【正确答案】正确

【答案解析】打开 Excel 文件的快捷键是"Ctrl + O"。

16.【答案】正确

【解析】该题考核"电子表格软件的主要功能"的知识点。

17.【答案】正确

【答案解析】该题考核"电子表格软件的主要功能"的知识点。

18.【答案】正确

【解析】该题考核"电子表格软件的单元格引用"的知识点。

19.【答案】正确

【解析】该题考核"电子表格软件的填充柄"的知识点。

20.【答案】错误

【解析】单元格处于编辑状态时,单元格也将显示等号"="及其运算体和运算符。与其所对应编辑栏显示内容完全一致。

第二部分 实务操作

项目一 初始设置

1.【解析】操作路径:点击系统菜单下的新建账套功能,出现"新建账套"对话框,输入新建账套名称"高博科技有限公司",选择账套采用的会计准则"新会计准则企业会计制度",设置生成预设会计科目,设置账套使用的本位币编码:RMB,设置账套使用的本位币名称:人民币,设置账套的启用日期"2015-1-1"。

2.【解析】操作路径:点击系统菜单下的新建账套功能,出现"新建账套"对话框,输入新建账套名称"森宇制衣有限公司",选择账套采用的会计准则"新会计准则企业会计制度",设置生成预设会计科目,设置账套使用的本位币编码:RMB,设置账套使用的本位币名称:人民币,设置账套的启用日期:"2015-1-1"。

3.【解析】操作路径:点击系统菜单下的新建账套功能,出现"新建账套"对话框,输入新建账套名称"三木贸易有限公司",选择账套采用的会计准则"小企业会计准则",设置生成预设会计科目,设置账套使用的本位币编码:EUR,设置账套使用的本位币名称:欧元,设置账套的启用日期"2015-10-31"。

4.【解析】操作路径:点击科目期初导航,双击"科目期初"功能,进入"期初设置——科目期初"页面。双击"应收账款"科目,出现"期初科目明细"对话框,点新增,输入"应收账款"科目的单位和金额,单击"确定"。

5.【解析】操作路径:点击基础编码导航,双击"客户"功能,点新增,输入客户的代码和名称,单击"确定"。点击基础编码导航,双击"供应商"功能,点新增,输入供应商的代码和名称,单击"确定"。

6.【解析】操作路径:点击基础编码导航,双击"币种汇率"功能,进入"币种汇率"页面,单击"新增",出现"新增币种"对话框,输入新增币种的编码、名称,设置币种小数位、折算方式,单击"确定"。

7.【解析】操作路径:点击基础编码导航,双击"币种汇率"功能,进入"币种汇率"页面,单击"新增",出现"新增币种"对话框,输入新增币种的编码、名称,设置币种小数位、折算方式,单击"确定"。

8.【解析】操作路径:点击基础编码导航,双击"部门"功能,进入"部门档案"页面,单击"新增",出现"新增部门"对话框,输入新增部门的编码、名称,单击"确定"。

9.【解析】操作路径:点击基础编码导航,双击"地区"功能,进入"地区"页面,点击"新增",弹出"新增地区"对话框,输入地区编码、地区名称,单击"确定"。

10.【解析】操作路径:点击基础编码导航,双击"付款方式"功能,进入"付款方式"页面,单击"新增",出现"新增付款方式"对话框,输入付款方式编码、付款方式名称,设置是否进行票据管理,单击"确定"。

11.【解析】操作路径:点击基础编码导航,双击"付款条件"功能,进入"付款条件"页面,单击"新增",出现"新增付款条件"对话框,输入付款条件编码、付款条件名称,设置到期日期(天),单击"确定"。

12.【解析】操作路径:点击基础编码导航,双击"供应商"功能,点新增,输入供应商的编码、名称和折扣信息,单击"确定"。

13.【解析】操作路径:点击基础编码导航,双击"供应商"功能,点新增,输入供应商的编码、名称和付款条件信息,单击"确定"。

14.【解析】操作路径:点击基础编码导航,双击"会计科目"功能,进入"会计科目"页面,单击"新增",出现"新增会计科目"对话框,输入新增会计科目的科目编码、科目名称,单击勾选数量核算处前面的复选框,并输入"KG",单击"确定"。

15.【解析】操作路径:点击基础编码导航,双击"会计科目"功能,进入"会计科目"页面,单击"新增",出现"新增会计科目"对话框,输入新增会计科目的科目编码、科目名称,单击"确定"。

16.【解析】操作路径：点击基础编码导航，双击"会计科目"功能，进入"会计科目"页面，单击选中要修改的会计科目，单击"修改"，弹出"修改会计科目"对话框，在辅助核算处，单击勾选"单位"前面复选框，"部门"和"职员"不进行勾选，即不进行辅助核算，在多币种核算处，单击选中"核算所有币种"，单击"确定"。

17.【解析】操作路径：点击系统管理导航，双击"用户管理"功能，进入"操作员列表"页面，单击"新增"，出现"新增操作员"对话框，录入操作员相关信息，点击"确定"。

18.【解析】操作路径：点击系统管理导航，双击"用户管理"功能，进入"操作员列表"页面，单击"修改"，出现"修改操作员"对话框，录入操作员相关信息，点击"确定"。

19.【解析】操作路径：点击基础编码导航，双击"职员"功能，进入"职员"页面，点击"新增"，弹出"新增职员"对话框，输入相关信息（职员编码、职员姓名、职员性别、职员所属部门、职员类型），单击"确定"。

20.【解析】操作路径：点击基础编码导航，双击"凭证类型"功能，进入"凭证类型"页面，点击"新增"，弹出"新增凭证类别"对话框，输入凭证类型编码、名称、借方必有科目，点击"确定"按钮。

21.【解析】操作路径：点击基础编码导航，双击"凭证类型"功能，进入"凭证类型"页面，点击"新增"，弹出"新增凭证类别"对话框，输入凭证类型编码、名称、贷方必有科目，点击"确定"按钮。

项目二 总 账

22.【解析】操作路径：点击总账管理导航，双击"填制凭证"功能，进入"记账凭证"页面，输入凭证信息（凭证填制日期、凭证摘要、借贷方科目、金额），单击"确定"。

23.【解析】操作路径：点击总账管理导航，双击"填制凭证"功能，进入"记账凭证"页面，输入凭证信息（凭证填制日期、凭证摘要、借贷方科目、金额），单击"确定"。

24.【解析】操作路径：点击总账管理导航，双击"填制凭证"功能，进入"记账凭证"页面，输入凭证信息（凭证填制日期、凭证摘要、借贷方科目、金额），工行科目输入辅助信息转账支票、支票号，单击"确定"。

提示：本题会计分录为

借：管理费——业务招待费　　　　　　　　　　　　　　　　　　　　1 000

　　贷：银行存款——工行　　　　　　　　　　　　　　　　　　　　　　　1 000

25.【解析】操作路径：点击总账管理导航，双击"填制凭证"功能，进入"记账凭证"页面，输入凭证信息（凭证填制日期、凭证摘要、借贷方科目、金额），单击"确定"。

26.【解析】操作路径：点击总账管理导航，双击"填制凭证"功能，进入"记账凭证"页面，输入凭证信息（凭证填制日期、凭证摘要、借贷方科目、金额），工行科目输入辅助信息转账支票、支票号，单击"确定"。

提示：本题会计分录为

借：银行存款——工行　　　　　　　　　　　　　　　　　　　　　　6 000

　　贷：应收账款　　　　　　　　　　　　　　　　　　　　　　　　　　　　6 000

27.【解析】操作路径：点击总账管理导航，双击"填制凭证"功能，进入"记账凭证"页面，输入凭证信息（凭证填制日期、凭证摘要、借贷方科目、金额），单击"确定"。

提示：本题会计分录为

借：交易性金融资产　　　　　　　　　　　　　　　　　　　　　　　25 000

　　贷：银行存款——工行　　　　　　　　　　　　　　　　　　　　　　　25 000

28.【解析】操作路径：点击总账管理导航，双击"填制凭证"功能，进入"记账凭证"页面，输入凭证信息（凭证填制日期、凭证摘要、借贷方科目、金额），中国工商银行存款辅助项选择付款方式：转账支票，输入票据号：003，单击"确定"。

提示：本题会计分录为

借：应交税费——未交增值税　　　　　　　　　　　　　　　　　　　3 000

　　贷：银行存款——工行存款　　　　　　　　　　　　　　　　　　　　　3 000

29.【解析】操作路径：点击总账管理导航，双击"填制凭证"功能，进入"记账凭证"页面，输入凭证信息（凭证填制日期、凭证摘要、借贷方科目、金额），单击"确定"。

  提示：本题会计分录为

  借：库存现金   20 000

    贷：银行存款——工行存款   20 000

30.【解析】操作路径：点击总账管理导航，双击"填制凭证"功能，进入"记账凭证"页面，输入凭证信息（凭证填制日期、凭证摘要、借贷方科目、金额），工行科目输入辅助信息转账支票、支票号，单击"确定"。

  提示：本题会计分录为

  借：银行存款——工行   80 000

    贷：应收账款   80 000

31.【解析】操作路径：点击总账管理导航，双击"填制凭证"功能，进入"记账凭证"页面，输入凭证信息（凭证填制日期、凭证摘要、借贷方科目、金额），单击"确定"。

  提示：本题会计分录为

  借：销售费用——职工教育经费   5 000

    贷：应付职工薪酬——职工教育经费   5 000

32.【解析】操作路径：点击总账管理导航，双击"填制凭证"功能，进入"记账凭证"页面，输入凭证信息（凭证填制日期、凭证摘要、借贷方科目、金额），单击"确定"。

  提示：本题会计分录为

  借：所得税费用   9 800

    贷：应交税费——应交所得税   9 800

33.【解析】操作路径：点击总账管理导航，双击"填制凭证"功能，进入"记账凭证"页面，输入凭证信息（凭证填制日期、凭证摘要、借贷方科目、金额），单击"确定"。

  提示：本题会计分录为

  借：管理费用——其他   5 000

    贷：待处理流动资产损溢   5 000

34.【解析】操作路径：点击总账管理导航，双击"填制凭证"功能，进入"记账凭证"页面，输入凭证信息（凭证填制日期、凭证摘要、借贷方科目、金额），单击"确定"。

  提示：本题会计分录为

  借：原材料——A材料   2 000

    贷：待处理流动资产损溢   2 000

35.【解析】操作路径：点击总账管理导航，双击"凭证管理"功能，进入"凭证管理"页面，点修改，选中要修改的凭证，点修改，选中"预收账款"科目，点右下角箭头，选"信恒电子有限公司"，单击"确定"。

36.【解析】操作路径：点击总账管理导航，双击"凭证管理"功能，进入"凭证管理"页面，点删除，选中要删除的凭证，点删除，单击"确定"。

37.【解析】操作路径：点击总账管理导航，双击"凭证复核"功能，进入"凭证列表——复核"页面，选择"转0003号"转账凭证，点击"凭证复核"，弹出"您需要对本张凭证进行复核吗？"对话框，点击"是"。

38.【解析】操作路径：点击总账管理导航，双击"记账"功能，进入"凭证列表——记账"页面，选择转0005号转账凭证，点击"记账"，弹出"您需要对本张凭证进行记账吗？"对话框，点击"是"，单击"确定"。

39.【解析】操作路径：点击总账管理导航，双击"结账"功能，进入"凭证列表——结账"页面，选择本月月份，点击"记账"，弹出"您需要对本张凭证进行记账吗？"对话框，点击"是"，单击"确定"。

项目三 工 资

40.【解析】操作路径：点击工资菜单，点击"工资表目录"功能，选择"管理人员工资表"，点击新增按钮,进入"新增工资项目"页面,输入相关信息,单击"确定"。

41.【解析】操作路径:点击工资管理导航,双击"工资录入"功能,进入"工资表数据录入"页面,输入题目中工资数据,单击"重新计算"。

42.【解析】操作路径:点击工资管理导航,双击"工资凭证"功能,进入"工资凭证向导"页面,选择"1月份工资表",单击"下一步",选择计算公式,单击"下一步"。设置借、贷方科目,单击"下一步",完成。

43.【解析】操作路径:点击工资管理导航,双击"工资表目录"功能,进入"工资表目录"页面,单击选中"1月份工资表",单击"修改",出现"修改工资表"对话框,打开"计算公式"窗口,在"计算项目"中选择"交通费",输入交通补贴的公式,单击"新增公式",同理,完成应发合计、扣款合计和实发公式。

项目四 应收应付

44.【解析】操作路径:点击应收管理导航,双击"应收借项"功能,进入"应收单"页面,设置单位为"红星公司";设置日期为"2015年1月26日";部门为销售部;职员为李明;付款条件30D;开票日为"2015年1月26日";到期日为"2015年2月25日";设置应收科目为"1122应收账款",输入本币金额"5 850",输入摘要"应收所欠货款",输入科目"6001主营业务收入",金额"5 000",另起一行,输入摘要信息,输入科目"2221-01-01销项税额"、金额"850",单击"确定"。

45.【解析】操作路径:点击应收管理导航,双击"应收借项"功能,进入"应收单"页面,设置单位为"天宇公司";设置日期为"2015年2月5日";部门为销售部;职员为刘海洋;付款条件60D;开票日为"2015年2月5日";到期日为"2015年4月6日";设置应收科目为"1122应收账款",输入本币金额"7 400",输入摘要"应收所欠货款",输入科目"6001主营业务收入",金额"6 500",另起一行,输入摘要信息,输入科目"2221-01-01销项税额",金额"900",单击"确定"。

46.【解析】操作路径:点击应收管理导航,双击"应收借项"功能,进入"应收单"页面,设置单位为"天宇公司";设置日期为"2015年1月15日";开票日为"2015年2月5日";设置应收科目为"1122应收账款",输入本币金额"75 000",输入摘要"应收所欠货款",输入科目"6001主营业务收入",金额"75 000",单击"确定"。

47.【解析】操作路径:点击应收管理导航,双击"应收借项"功能,进入"应收单"页面,设置单位为"科锐电子公司";设置日期为"2015年1月25日";付款条件:30D;开票日为"2015年1月25日";到期日为"2015年2月24日";设置应收科目为"1122应收账款",输入本币金额"12 000",输入摘要"应收所欠货款",输入科目"6001主营业务收入",金额"12 000",单击"确定"。

48.【解析】操作路径:点击应收管理导航,双击"应收凭证"功能,进入"应收凭证"页面,勾选要生成凭证的单据,设置凭证类别和凭证摘要,单击"完成",生成凭证,查看生成的凭证。

49.【解析】操作路径:点击应付管理导航,双击"应付贷项"功能,进入"应付单"页面,设置单位为"天海公司";设置日期为"2015年1月21日",设置应付科目为"2202应付账款",输入本币金额"11700",输入摘要信息,输入科目"1405库存商品",金额"10 000",另起一行,输入摘要信息,输入科目"2221-01-02进项税额",金额"1 700",单击"确定"。

50.【解析】操作路径:点击应付管理导航,双击"应付贷项"功能,进入"应付单"页面,设置单位为"天海公司"。设置日期为"2015年1月23日",设置应付科目为"2202应付账款",输入本币金额"70 200",输入摘要信息,输入科目"1403-02原材料-乙材料",金额"10 000",另起一行,输入摘要信息,输入科目"2221-01-02进项税额",金额"10 200",单击"确定"。

51.【解析】操作路径:点击应付管理导航,双击"应付贷项"功能,进入"应付单"页面,设置单位为"江海公司";设置日期为"2015年1月25日",设置应付科目为"2202应付账款",输入本币金额"28 500",输入摘要信息,输入科目"1405库存商品",金额"25 000"。另起一行,输入摘要信息,输入科目"2221-01-02进项税额",金额"3 500",单击"确定"。

52.【解析】操作路径:点击应付管理导航,双击"应付贷项"功能,进入"应付单"页面,设置单位为

"科税电子有限";设置日期为"2015年1月28日",设置应付科目为"2202应付账款",输入本币金额"17 000",输入摘要信息,输入科目"1403-05 B材料",金额"17 000",单击"确定"。

53.【解析】操作路径:点击应付管理导航,双击"应付凭证"功能,进入"应付凭证"页面,勾选要生成凭证的单据,设置凭证类别和凭证摘要,单击"完成",生成凭证,查看生成的凭证。

项目五 固定资产

54.【解析】操作路径:点击基础编码导航,双击"固定资产变动方式"功能,进入"固定资产变动方式"页面,点击"新增",出现"新增固定资产变动方式"对话框,输入固定资产变动方式的相关信息(注意:凭证类型也需要设置),单击"确定"。

55.【解析】操作路径:点击基础编码导航,双击"固定资产变动方式"功能,进入"固定资产变动方式"页面,点击"新增",出现"新增固定资产变动方式"对话框,输入固定资产变动方式的相关信息(注意:凭证类型也需要设置),单击"确定"。

56.【解析】操作路径:点击基础编码导航,双击"固定资产变动方式"功能,进入"固定资产变动方式"页面,点击"新增",出现"新增固定资产变动方式"对话框,输入固定资产变动方式的相关信息(注意:凭证类型也需要设置),单击"确定"。

57.【解析】操作路径:点击固定资产菜单,点击"固定资产期初"功能,进入"固定资产期初"页面,点击"新增",出现"新增固定资产"对话框,输入固定资产原始卡片相关信息,单击"确定"。

58.【解析】操作路径:点击固定资产管理导航,双击"固定资产类别"功能,进入"固定资产类别"页面,点击"新增",弹出"新增固定资产类别"对话框,输入固定资产类别信息,点击"确定"按钮。

59.【解析】操作路径:点击固定资产管理导航,双击"固定资产类别"功能,进入"固定资产类别"页面,点击"新增",弹出"新增固定资产类别"对话框,输入固定资产类别信息,点击"确定"按钮。

60.【解析】操作路径:点击固定资产导航,双击"固定资产增加"功能,进入"固定资产增加"页面,输入新增固定资产信息,单击"确定"。

61.【解析】操作路径:点击固定资产导航,双击"固定资产增加"功能,进入"固定资产增加"页面,输入新增固定资产信息,单击"确定"。

62.

63.【解析】操作路径:点击固定资产导航,双击"固定资产减少"功能,进入"固定资产减少"页面,输入固定资产减少信息,单击"确定"。

64.【解析】操作路径:点击固定资产导航,双击"固定资产凭证"功能,进入"固定资产凭证"页面,勾选要生成凭证的单据,设置凭证类别和凭证摘要,单击"完成"生成凭证,查看生成的凭证。

65.【解析】操作路径:点击固定资产管理导航,双击"固定资产凭证"功能,进入"固定资产凭证"页面,勾选要生成凭证的单据,设置凭证类别和凭证摘要,单击"完成",生成凭证,查看生成的凭证。

项目六 报 表

66.【解析】操作路径:文件菜单下点新建报表,选择B列的任意一个单元格;单击"格式"下的"列宽",输入列宽值;单击"文件"下的"保存"。

67.【解析】操作路径:文件菜单下点新建报表,选择要合并的单元格;单击"格式"菜单下的"合并单元格";设置字体和字号,单击"文件"下的"保存"。

68.【解析】操作路径:文件菜单下点打开报表,点击函数按钮Σ,出现"计算公式"对话框,选择函数SUM,在等号右边输入SUM(C6:C16),点击"确定"(流动资产合计=流动资产科目金额之和),单击"文件"下的"保存"。

69.【解析】操作路径:文件菜单下点打开报表,点击函数按钮Σ,出现"计算公式"对话框,在等号右边输入(F35-F33-F32-F31-F30),点击"确定"(F30+F31+F32+F333+F34=F35,实收资本+资本公积+库存股+盈余公积+未分配利润=所有者权益),单击"文件"下的"保存"。

70.【解析】操作路径:文件菜单下点打开报表,点击函数按钮∑,出现"计算公式"对话框,在等号右边输入(E18+E27),点击"确定"(负债合计=流动负债合计+非流动负债合计),单击"文件"下的"保存"。

71.【解析】操作路径:文件菜单下点打开报表,点击函数按钮∑,出现"计算公式"对话框,选择函数SUM,在等号右边输入SUM(B19:B35),点击"确定",点击函数按钮∑,出现"计算公式"对话框,选择函数SUM,在等号右边输入SUM(C19:C35),点击"确定"(非流动资产合计=非流动资产科目金额之和),单击"文件"下的"保存"。

72.【解析】操作路径:文件菜单下点打开报表,点击函数按钮∑,出现"计算公式"对话框,在等号右边输入B5-B6-B7-B8-B9-B10,点击"确定"(营业利润=营业收入营业成本-营业税金用附加-销售费用-管理费用-财务费用),点击函数按钮∑,出现"计算公式"对话框,在等号右边输入B15+B16-B17,点击"确定"(利润总额=营业利润+营业外收入-营业外支出),单击"文件"下的"保存"。

73.【解析】操作路径:文件菜单下点打开报表,点击函数按钮∑,出现"计算公式"对话框,在等号右边输入B19-B20,点击"确定",点击函数按钮∑,出现"计算公式"对话框,在等号右边输入C19-C20,点击"确定"(净利润=利润总额-所得税费用),单击"文件"下的"保存"。

第三部分 综合练习

综合练习(一)

一、单项选择题(本题共10小题,每小题1分,共10分。每小题备选答案中,只有一个符合题意的正确答案。多选、错选、不选均不得分。)

1.【答案】C

【解析】会计软件及相关文档资料应保管至该软件停止使用或者重大更改后5年。

2.【答案】C

【解析】通用报表操作流程一般是设计报表—定义框架—定义数据—修饰报表—设置打印参数。故选C。

3.【答案】A

【解析】根据科目编码的定义,一级为3位,二级为3位,三级为2位,四级为2位,所以当编码达到3位时为一级编码,当编码达到6位时为二级编码,当编码达到8位时为三级编码,当编码达到10位时为四级编码。通过观察可知,编码5210011009共有10位,所以此编码为四级编码。故选A。

4.【答案】D

【解析】对于业务量较少的账户,会计软件可以提供会计账簿的满页打印输出功能。故选D。

5.【答案】A

【解析】使用总账系统填制凭证时,制单人签字由系统根据进入本功能时输入的操作员姓名自动输入。

6.【答案】A

【解析】RAM称为随机存取存储器。

7.【答案】B

【解析】每一个固定资产都应有其相对应的资产编号,编号是根据初始化时定义的卡片编码方案自动生成,一经生成,不能修改,如果删除一张卡片且不是最后一张,系统将保留空号,所以固定资产的编号是唯一的。故选 B。

8. 【答案】A

【解析】将高级语言编写的程序翻译成机器语言程序,采用的两种翻译方式是:编译和解释。

9. 【答案】A

【解析】操作系统是用于管理、操纵和维护计算机各种资源并使其正常高效运行的软件。

10. 【答案】D

【解析】在软件生命周期法中,运行维护阶段完成系统的正常运行、硬件和软件的维护以及系统评价。

二、多项选择题(本题共 10 小题。每小题 2 分,共 20 分。每小题备选答案中。有两个或两个以上符合题意的正确答案。多选、少选、错选均不得分。)

11. 【答案】ABCD

【解析】考核"建账"的知识点。

12. 【答案】ACD

【解析】会计核算软件以会计理论和会计方法为核心,以会计制度为依据,以计算机技术为基础,以会计数据为处理对象,并以提供会计信息为目标。故选 ACD。

13. 【答案】BCD

【解析】Word 是办公软件,属于应用软件。

14. 【答案】ABCD

【解析】实行会计电算化时,严格的硬件、软件操作管理制度的主要内容包括:制定岗位责任制度、保证机房设备安全和电子计算机正常运转的措施、会计数据和会计核算软件安全保密的措施、制定档案管理制度等。

15. 【答案】ABCD

【解析】财政部门管理会计电算化的基本任务包括:制定会计电算化发展规划并组织实施;加强会计核算软件管理,对会计核算软件及其生成的会计资料是否符合国家统一的会计制度情况进行监督;组织开展会计电算化人才培训;加强会计电算化管理制度的建设;加强会计电算化的组织和领导,引导基层单位逐步实现会计电算化,提高会计工作水平。

16. 【答案】BC

【解析】固定资产的明细分类核算是通过设置"固定资产卡片"和"固定资产登记簿"进行的。因此 BC 选项正确。

17. 【答案】ABC

【解析】发现凭证的错误应由记账人员进行修改,审核人员不能修改。

18. 【答案】ABCD

【解析】应收账款系统初始化录入期初数据往往要按单据种类分别录入,其中主要单据有应付票据、销售发票、应收单和预收单。

19. 【答案】BD

【解析】当账务处理录入凭证过程中,在一行记录中既有借方金额也有贷方金额和借方金额合计和贷方金额合计不相等情况下,系统对当前编制的凭证不予认可。故选 BD。

20. 【答案】ABCD

【解析】局域网络的硬件一般由网络服务器、工作站、网络接口卡和集线器等组成。

三、判断题(本题共 10 小题,每小题 1 分,共 10 分。判断正确得分。)

21. 【答案】正确

【解析】CPU 是计算机的核心部件,RAM 是计算机的随机存储器。它们都不是计算机的外部设备。

22. 【答案】错误

【解析】计算机出现喇叭无故蜂鸣、尖叫、报警或演奏某种音乐时说明计算机不一定是感染了计算机病毒,也有可能是错误操作引起的。

23.【答案】正确

【解析】工资核算模块初始化的主要内容包括:设置部门编码,设置职工类型,设置工资项目,设置计算公式。

24.【答案】正确

【解析】在报表中字符型数据的单元都是固定单元,而数值型数据的单元往往都是变动单元。

25.【答案】错误

【解析】输入科目期初余额时,仅需要输入上级科目的余额。

26.【答案】正确

【解析】定义自动转账凭证是会计核算软件必须具备的初始化功能。

27.【答案】正确

【解析】根据"会计岗位不相容"的内部牵制制度,出纳必须单设。

28.【答案】错误

【解析】通用会计核算软件可以在多个单位使用,一次开发、多次使用,研制效益比较高。但这类软件研制难度较大,而且并不是所有类型的企业都适用,只能在一定范围内通用。

29.【答案】正确

【解析】会计报表软件的工作流程分为四步,即报表格式及数据处理公式设置、报表名称登记、报表编制、报表输出。

30.【答案】错误

【解析】登账后若发现凭证有错误,不能再直接修改,可用红字凭证冲销法或补充登记法进行更正。

四、实务操作题(本类题共15个小题,每小题4分,共60分。)

1.【解析】操作路径:点击系统菜单下的新建账套功能,出现"新建账套"对话框,输入新建账套名称"高博科技有限公司",选择账套采用的会计准则"新会计准则企业会计制度",设置生成预设会计科目,设置账套使用的本位币编码:RMB,设置账套使用的本位币名称:人民币,设置账套的启用日期"2015-01-01"。

2.【解析】操作路径:点击系统菜单下的新建账套功能,出现"新建账套"对话框,输入新建账套名称"三木贸易有限公司",选择账套采用的会计准则"小企业会计准则",设置生成预设会计科目,设置账套使用的本位币编码:EUR,设置账套使用的本位币名称:欧元,设置账套的启用日期"2015-10-31"。

3.【解析】操作路径:点击基础编码导航,双击"客户"功能,点新增,输入客户的代码和名称,单击"确定"。点击基础编码导航,双击"供应商"功能,点新增,输入供应商的代码和名称,单击"确定"。

4.【解析】操作路径:点击基础编码导航,双击"币种汇率"功能,进入"币种汇率"页面,单击"新增",出现"新增币种"对话框,输入新增币种的编码、名称,设置币种小数位、折算方式,单击"确定"。

5.【解析】操作路径:点击基础编码导航,双击"地区"功能,进入"地区"页面,点击"新增",弹出"新增地区"对话框,输入地区编码、地区名称,单击"确定"。

6.【解析】操作路径:点击基础编码导航,双击"付款条件"功能,进入"付款条件"页面,单击"新增",出现"新增付款条件"对话框,输入付款条件编码、付款条件名称,设置到期日期(天),单击"确定"。

7.【解析】操作路径:点击总账管理导航,双击"填制凭证"功能,进入"记账凭证"页面,输入凭证信息(凭证填制日期、凭证摘要、借贷方科目、金额),单击"确定"。

8.【解析】操作路径:点击总账管理导航,双击"填制凭证"功能,进入"记账凭证"页面,输入凭证信息(凭证填制日期、凭证摘要、借贷方科目、金额),工行科目输入辅助信息转账支票、支票号,单击"确定"。

提示:本题会计分录为

借:管理费——业务招待费　　　　　　　　　　　　　　　　1 000

　　贷:银行存款——工行　　　　　　　　　　　　　　　　　　1 000

9.【解析】操作路径:点击总账管理导航,双击"填制凭证"功能,进入"记账凭证"页面,输入凭证信息(凭证填制日期、凭证摘要、借贷方科目、金额),工行科目输入辅助信息转账支票、支票号,单击"确定"。

提示:本题会计分录为

借:银行存款——工行   6 000

 贷:应收账款   6 000

10.【解析】操作路径:点击工资管理导航,双击"工资录入"功能,进入"工资表数据录入"页面,输入题目中工资数据,单击"重新计算"。

11.【解析】操作路径:点击应收管理导航,双击"应收借项"功能,进入"应收单"页面,设置单位为"红星公司";设置日期为"2015年1月26日";部门为销售部;职员为李明;付款条件30D;开票日为"2015年1月26日";到期日为"2015年2月25日";设置应收科目为"1122应收账款",输入本币金额"5 850",输入摘要"应收所欠货款",输入科目"6001主营业务收入",金额"5 000",另起一行,输入摘要信息,输入科目"2221－01－01销项税额"、金额"850",单击"确定"。

12.【解析】操作路径:点击应收管理导航,双击"应付贷项"功能,进入"应付单"页面,设置单位为"天海公司"。设置日期为"2015年1月21日",设置应付科目为"2202应付账款",输入本币金额"11 700",输入摘要信息,输入科目"1405库存商品",金额"10 000",另起一行,输入摘要信息,输入科目"2221—01—02进项税额"、金额"1 700",单击"确定"。

13.【解析】操作路径:点击基础编码导航,双击"固定资产变动方式"功能,进入"固定资产变动方式"页面,点击"新增",出现"新增固定资产变动方式"对话框,输入固定资产变动方式的相关信息(注意:凭证类型也需要设置),单击"确定"。

14.【解析】操作路径:文件菜单下点新建报表,选择B列的任意一个单元格;单击"格式"下的"列宽",输入列宽值;单击"文件"下的"保存"。

15.【解析】操作路径:文件菜单下点打开报表,点击函数按钮Σ,出现"计算公式"对话框,选择函数SUM,在等号右边输入SUM(C6:C16),点击"确定"(流动资产合计=流动资产科目金额之和),单击"文件"下的"保存"。

综合练习(二)

一、单项选择题(本类题共10小题,每小题1分,共10分。每小题备选答案中,只有一个符合题意的正确答案,多选、错选、不选均不得分。)

1.【答案】A

【解析】数据的筛选是指利用"数据"菜单中的"筛选"命令对数据清单中的指定数据进行查找和其他工作。筛选后的数据清单仅显示那些包含了某一特定值或符合一组条件的行,暂时隐藏其他行。这里的一行就是二条记录。

2.【答案】A

【解析】会计信息系统根据其功能和管理层次的高低,可以分为会计核算系统、会计管理系统和会计决策支持系统。

3.【答案】D

【解析】解析:在会计报表中,报表审核公式设置的目的是保证报表数据的正确性以及报表的合法性。

4.【答案】A

【解析】账务处理模块是会计软件系统的核心模块,可以与其他功能模块和业务模块无缝对接,实现数据共享,其他功能模块与会计处理相关的数据最终要归集到账务处理模块。账务处理模块是以凭证为数据处理起点。

5.【答案】C

【解析】1983年,IBM发布了PCXT机。这一时代的键盘主要以83键为主,并且延续到了1995年。Windows 95的流行使得101键和104键的键盘占据市场的主流地位。

6.【答案】D

【解析】计算机网络功能主要体现在资源共享、数据通信、分布处理(各资源主机之间分担负荷)三方面。

7.【答案】A

【解析】ERP的功能,可概括为服务于企业的全面管理或全面的企业管理,尤其是企业的资源管理。

8.【答案】D

【解析】count(valuel,vMue2,…)用于计算包含数字的单元格以及参数列表中数字的个数。

9.【答案】C

【解析】ERP(Enterprise Resource Planning)代表的是企业资源计划。

10.【答案】D

【解析】应付管理模块具有对采购发票与其他应付单的新增、修改、删除、查询、预览、打印、制单、审核记账以及其他处理功能。

二、多项选择题(本类题共10小题,每小题2分,共20分。每小题备选答案中。有两个或两个以上符合题意的正确答案,多选、少选、错选、不选均不得分。)

11.【答案】ACD

【解析】工资核算的特点有政策性要求严格;及时性、准确性要求高;工资计算重复性强、数据量大;输入的数据来源分散、涉及面广。

12.【答案】ACD

【解析】企业配备会计软件的方式主要有购买、定制开发、购买与开发相结合等方式。其中,定制开发包括企业自行开发、委托外部单位开发、企业与外部单位联合开发三种具体开发方式。

13.【答案】ABCD

【解析】凭证录入的内容包括凭证类别、凭证编号、制单日期、附件张数、摘要、会计科目、发生金额、制单人等。

14.【答案】ABCD

【解析】现代信息技术手段能够实时便捷地获取、加工、传递、存储和应用会计信息,为企业经营管理、控制决策和经济运行提供充足、实时、全方位的信息。

15.【答案】ABC

【解析】选项ABC均属于统计函数,选项D属于信息函数。

16.【答案】ACD

【解析】应收管理模块中坏账处理包括:①坏账准备计提;②坏账发生;③坏账收回。设置账龄区间属于应收管理模块的初始化工作。

17.【答案】ABCD

【解析】会计软件应当保障企业按照国家统一会计准则制度开展会计核算,不得有违背国家统一会计准则制度的功能设计;会计软件应当具有符合国家统一标准的数据接口,满足外部会计监督需要;会计软件应当记录生成用户操作日志,确保日志的安全、完整;会计软件应当提供符合国家统一会计准则制度的会计凭证、账簿和报表的显示和打印功能。

18.【答案】ABD

【解析】单机硬件结构的优点在于使用简单、配置成本低、数据共享程度高、一致性好;其缺点在于集中输入速度低,不能同时允许多个成员进行操作,并且不能进行分布式处理。适用于数据输入量小的企业。

19.【答案】ABCD

【解析】会计报表按输出方式的不同,通常分为屏幕查询输出、图形输出、磁盘输出、打印输出和网络传送五种类型。

20.【答案】AB

【解析】数据的排序是指在数据清单中,针对某些列的数据,通过"数据"菜单或功能区中的排序命令来重新组织行的顺序。数据的排序的方法有快速排序和自定义排序。

三、判断题(本类题共 10 小题,每小题 1 分,共 10 分。对于下列说法,认为正确的选 A,错误的选 B。不答、错答不得分也不扣分。)

21.【答案】错误

【解析】在账务处理系统中,记账和审核不能是同一人。

22.【答案】正确

【解析】不管记账凭证编号是由手工输入还是自动产生的,会计软件都应当确保凭证编号的连续性。

23.【答案】正确

【解析】结账后,只能输入下一会计期间的会计凭证。

24.【答案】错误

【解析】结账主要包括计算和结转各账簿的本期发生额和期末余额,终止本期的账务处理工作.并将会计科目余额结转至下月作为月初余额。结账每个月只能进行一次。

25.【答案】错误

【解析】自行开发软件系统需要大量的计算机专业人才,中小企业难以维持一支稳定的高素质软件人才队伍。

26.【答案】错误

【解析】在财务软件中,操作员的增加、修改和删除权限由系统管理员控制。系统管理员和账套主管,两者都有权限设置操作员的权限。操作员的密码可以由操作员自己修改,也可以由系统管理员修改.

27.【答案】错误

【解析】在工资管理系统中,应先设置工资项目,再由具体的工资项目确定工资计算公式。

28.【答案】正确

【解析】内存储器简称为内存,一般又称为主存储器或主存。由于内存储器直接与 CPU 进行数据交换,所以它存取数据的速度比外部存储器要快得多。

29.【答案】错误

【解析】设置固定资产控制参数时,如果确定不计提折旧,则不能操作账套内与折旧有关的功能。

30.【答案】正确

【解析】系统初始化的目的是把商品化通用会计软件变成适合本单位使用的专用会计软件。

四、实务操作题(本类题共 15 小题,每小题 4 分,共 60 分。)

31.【解析】操作路径:点击总账管理导航,双击"填制凭证"功能,进入"记账凭证"页面,输入凭证信息(凭证填制日期、凭证摘要、借贷方科目、金额),管理费用的辅助项选择"办公室"的"杨兰",单击"确定"。

提示:本题的会计分录为

借:管理费用——办公费　　　　　　　　　　　　　　　　　　　　　　　　3 000
　　贷:库存现金　　　　　　　　　　　　　　　　　　　　　　　　　　　　　3 000

32.【解析】操作路径:点击工资管理导航,双击"工资表目录"功能,进入"工资表目录"页面,单击选中"1 月份工资表",单击"修改",出现"修改工资表"对话框,打开"指定发放项目窗口"。找到需要设置的工资项目,单击此项目,按照要求修改并选择到"本次发放的工资项目",单击"下一步"直至完成。

33.【解析】操作路径:点击基础编码导航,双击"地区"功能,进入"地区"页面,点击"新增",弹出"新增地区"对话框,输入地区编码、地区名称,单击"确定"。

34.【解析】操作路径:点击应收管理导航,双击"应收凭证"功能,进入"应收凭证"页面,勾选要生成凭证的单据,设置凭证类别和凭证摘要,单击"完成",生成凭证,查看生成的凭证。

35.【解析】操作路径：点击总账管理导航,双击"填制凭证"功能,进入"记账凭证"页面,输入凭证信息(凭证填制日期、凭证摘要、借贷方科目、金额),单击"确定"。

  提示：本题会计分录为

  借：销售费用——职工教育经费   5 000

    贷：应付职工薪酬——职工教育经费   5 000

36.【解析】操作路径：点击总账管理导航,双击"填制凭证"功能,进入"记账凭证"页面,输入凭证信息(凭证填制日期、凭证摘要、借贷方科目、金额),单击"确定"。

  提示：本题会计分录为

  借：银行存款   500 000

    贷：长期借款   500 000

37.【解析】操作路径：点击系统菜单下的新建账套功能,出现"新建账套"对话框;输入新建账套名称"天娱科技有限公司",选择账套采用的会计准则"企业会计准则";设置生成预设会计科目,设置账套使用的本位币编码：EUR,设置账套使用的本位币名称：欧元.设置账套的启用日期"2015-01-01"。

38.【解析】操作路径：选中 A1 单元格,在工具栏中,将字体设置为"黑体",16 号字,将 A1 单元格内容修改为"2015年管理费用明细表",单击"文件"下的"保存"。

39.【解析】操作路径：选择 B 列的任意一个单元格;单击"格式"下的"列宽",输入列宽值;单击"文件"下的"保存"。

40.【解析】操作路径：点击基础编码导航,双击"地区"功能,进入"地区"页面,点击"新增",弹出"新增地区"对话框,输入地区编码、地区名称,单击"确定"。

41.【解析】操作路径：点击应收管理导航,双击"应收凭证"功能,进入"应收凭证"页面,勾选要生成凭证的单据,设置凭证类别和凭证摘要,单击"完成",生成凭证,查看生成的凭证。

42.【解析】操作路径：点击总账管理导航,双击"填制凭证"功能,进入"记账凭证"页面,输入凭证信息(凭证填制日期、凭证摘要、借贷方科目、金额),单击"确定"。

  提示：本题会计分录为

  借：管理费用——业务招待费   3 000

    贷：库存现金   3 000

43.【解析】操作路径：点击基础编码导航,双击"凭证类型"功能,进入"凭证类型"页面,点击"新增",弹出"新增凭证类别"对话框,输入凭证类型编码、名称、借贷必有科目,点击"确定"按钮。

44.【解析】操作路径：点击系统菜单下的新建账套功能,出现"新建账套"对话框,输入新建账套名称,选择账套采用的会计准则,指定本账套使用的本位币,设置账套的启用日期。

45.【解析】操作路径：点击总账管理导航,双击"记账"功能,进入"凭证列表—记账"页面,选择0009号付款凭证.点击"记账",弹出"您需要对本张凭证进行记账吗?"对话框,点击"是"。同理,将0006号转账凭证记账。

综合练习(三)

一、单项选择题(本类题共10小题,每小题1分,共10分。每小题备选答案中,只有一个符合题意的正确答案,多选、错选、不选均不得分。)

1.【答案】D

  【解析】.xls 是 EXCEL2003 的工作簿文件扩展名;.doc 是 WORD2003 的文件扩展名;.ppt 是 POWER-POINT2003 的文件扩展名;OFFICE2007 版本后,文件扩展名都比以前版本多一个 x。

2.【答案】D

  【解析】位于名称框和编辑栏中间的"×""√"和"fx"三个按钮,分别用于取消输入、确认输入和插入函数。

3.【答案】D

【解析】通用会计软件是指软件公司为会计工作而专门设计开发,并以产品形式投入市场的应用软件。其通用性强,成本低。自行开发的会计软件是指企业自行组织人员进行开发,专供本单位使用的会计软件。

4.【答案】D

【解析】数据还原又称数据恢复,是指将备份的数据使用会计软件恢复到计算机硬盘上。它与数据备份是一个相反的过程。数据还原主要包括账套还原、年度账还原等。

5.【答案】C

【解析】按击快捷键"Ctrl + H",弹出"查找与替换"对话框的"替换"标签。按击快捷键"Ctrl + F",弹出"查找与替换"对话框"查找"的标签。

6.【答案】D

【解析】在选择"选择性粘贴"命令后,会出现"选择性粘贴"对话框,其余三项不会出现对话框。

7.【答案】C

【解析】工资分摊是指对当月发生的工资费用进行工资总额的计算、分配及各种经费的计提,并自动生成转账凭证传递到账务处理模块。工资费用分摊项目一般包括应付工资、应付福利费、职工教育经费、工会经费、各类保险等。

8.【答案】A

【解析】设置会计科目包括会计科目编码、会计科目名称、科目类型、账页格式、外币核算、辅助核算性质等,不包括科目余额。

9.【答案】C

10.【答案】B

【解析】1981年8月,财政部、中国会计学会及原第一机械工业部联合在试点单位召开了"财务、会计、成本应用电子计算机专题讨论会"。在这个专题讨论会上,"会计电算化"一词正式出现。

二、多项选择题(本类题共10小题,每小题2分,共20分。每小题备选答案中,有两个或两个以上符合题意的正确答案,多选、少选、错选、不选均不得分。)

11.【答案】ACD

【解析】黑客常用的手段有:密码破解、IP嗅探与欺骗、攻击系统漏洞、端口扫描。

12.【答案】A,B

【解析】鼓励软件供应商采用呼叫中心、在线客服等方式为用户提供实时技术支持。

13.【答案】BCD

【解析】尽管许多会计核算工作基本实现了自动化,但会计数据的收集、审核和输入等工作仍需人工完成,各种处理指令也需要由人发出。

14.【答案】BCD

【解析】导致病毒感染的人为因素包括:① 不规范的网络操作,其主要途径包括浏览不安全网页、下载被病毒感染的文件或软件,接收被病毒感染的电子邮件、使用即时通信工具等;② 使用来历不明的硬盘和U盘。

15.【答案】ABCD

【解析】企业应用XBRL的优势主要有:提供更为精确的财务报告与更具可信度和相关性的信息;降低数据采集成本,提高数据流转及交换效率;帮助数据使用者更快捷方便地调用、读取和分析数据;使财务数据具有更广泛的可比性;增加资料在未来的可读性与可维护性;适应变化的会计准则制度的要求。

16.【答案】ABD

【解析】会计软件中执行银行对账功能的具体步骤包括:银行对账初始数据录入、本月银行对账单录入、对账、银行存款余额调节表的编制等。

17.【答案】ABCD

【解析】选择会计核算软件时应考虑:(1)所选软件的技术指标是否能够满足需要;(2)会计软件的功能是否能充分满足和保证企事业单位的特殊需求;(3)售后服务的质量;(4)是否有同类企业已成功地运用了该种软件。

18.【答案】AB

【解析】为防止硬盘上的会计数据遭到意外或被人为破坏,用户需要定期将硬盘数据备份到其他磁性介质上(如U盘、光盘等)。在月末结账后,对本月重要的账簿和报表数据还可以打印备份。

19.【答案】BCD

【解析】安全使用会计软件的基本要求包括:① 严格管理账套使用权限;② 定期打印备份重要的账簿和报表数据;③ 严格管理软件版本升级。

20.【答案】ABCD

三、判断题(本类题共10小题,每小题1分,共10分。对于下列说法,认为正确的选A,错误的选B。不答、错答不得分也不扣分。)

21.【答案】错误

【解析】在浏览器/服务器(B/S)结构模式下,服务器是实现会计软件功能的核心部分,且客户端维护工作量少。

22.【答案】正确

【解析】显示器是常见的输出设备。

23.【答案】错误

【解析】Excel中,在单元格中输入数字时,缺省的对齐方式是右对齐。

24.【答案】正确

【解析】当输入的公式中含有其他单元格的数值时,为了避免重复输入费时甚至出错,还可以通过移动鼠标去单击拟输入数值所在单元格的地址(即引用单元格的数值)来创建公式。移动点击输入数值所在单元格的地址后,单元格将处于"数据点模式"。

25.【答案】正确

【解析】由于计算机与外界通信必须通过某个端口才能进行,黑客可以利用一些端口扫描软件对被攻击的目标计算机进行端口扫描,搜索到计算机的开放端口并进行攻击。

26.【答案】正确

【解析】Excel中,如果数据长度超过计算机显示范围或者左边第一位是"0",必须输入西文"'"作为前导符,当文本来处理。

27.【答案】错误

【解析】账务处理系统中,会计科目存在总账和下属明细账科目时,总账科目不允许被删除。

28.【答案】正确

【解析】计算机网络是在统一的网络协议控制下,将地理位置分散的独立的计算机系统连接在一起。

29.【答案】错误

【解析】BASIC是一种高级语言,高级语言程序必须翻译成机器语言程序才能执行,计算机无法直接执行用高级语言编写的程序。

30.【答案】错误

【解析】选择"是否按行业预置科目"选项,系统会自动建立所属行业的标准一级科目,而不是自动建立企业所需的所有会计科目。

四、实务操作题(本类题共15小题,每小题4分,共60分。)

31.【解析】操作路径:点击工资管理导航,双击"工资表目录"功能,进入"工资表目录"页面,单击选中"1月份工资表",单击"修改",出现"修改工资表"对话框,打开"发放范围"窗口,在管理部李天的前面方框内打钩。单击"下一步"直至完成。

32.【解析】操作路径：点击基础编码导航，双击"职员"功能，进入"职员"页面，点击"新增"，弹出"新增职员"对话框，输入相关信息（职员编码、职员姓名、职员性别、职员所属部门、职员类型），单击"确定"。

33.【解析】操作路径：点击总账管理导航，双击"出纳签字"功能进入"凭证列表—签字"页面，选择需要出纳签字的凭证，点击"出纳签字"，关闭。

34. 应付科目：2202，金额：17 000元

对方科目：1403-01，金额：17 000元

【解析】操作路径：点击应付管理导航，双击"应付贷项"功能，进入"应付单"页面，设置单位为"福星电子有限公司"，设置日期为"2015年1月17日"，设置应付科目为"2202应付账款"，输入本币金额"17 000"，输入摘要信息，输入科目"1403-01A材料"、金额"17 000"，单击"确定"。

35.【解析】操作路径：点击系统管理导航，双击"用户管理"功能，进入"操作员列表"页面，单击"新增"，出现"新增操作员"对话框，录入操作员相关信息，点击"确定"。

36.【解析】操作路径：点击基础编码导航，双击"币种汇率"功能，进入"币种汇率"页面，单击"新增"，出现"新增币种"对话框，输入新增币种的编码、名称，设置币种小数位、折算方式，单击"确定"。

37.【解析】操作路径：点击总账管理导航，双击"填制凭证"功能，进入"记账凭证"页面，输入凭证信息（凭证填制日期、凭证摘要、借贷方科目、金额），单击"确定"。

提示：本题会计分录为

借：应交税费——应交城市维护建设税　　　　　　　　　　　　　　　10 000

　　　　　——应交教育费附加　　　　　　　　　　　　　　　　　　 5 000

　　贷：银行存款　　　　　　　　　　　　　　　　　　　　　　　　　　　　15 000

38.【解析】操作路径：点击固定资产导航，双击"固定资产减少"功能，进入"固定资产减少"页面，选择要减少的资产的编号，设置减少方式和减少日期，单击"确定"。

39.【解析】操作路径：点击基础编码导航，双击"固定资产类别"功能，进入"固定资产类别"页面，点击"新增"，弹出"新增固定资产类别"对话框，输入固定资产类别信息，点击"确定"按钮。

40.【解析】操作路径：点击基础编码导航，双击"会计科目"功能，进入"会计科目"页面，单击"新增"，出现"新增会计科目"对话框，输入新增会计科目的科目编码、科目名称，辅助核算处单击勾选"部门"前面的复选框，单击"确定"。

41.【解析】操作路径：点击基础编码导航，双击"固定资产变动方式"功能，进入"固定资产变动方式"页面，点击"新增"，出现"新增固定资产变动方式"对话框，输入固定资产变动方式的相关信息（注意：凭证类型也需要设置），单击"确定"。

42.【解析】操作路径：点击应付管理导航，双击"应付凭证"功能，进入"应付凭证"页面，勾选要生成凭证的单据，设置凭证类别和凭证摘要，单击"完成"，生成凭证，查看生成的凭证。

43.【解析】操作路径：点击基础编码导航，双击"会计科目"功能，进入"会计科目"页面，单击选中要修改的会计科目，单击"修改"，弹出"修改会计科目"对话框，在辅助核算处，单击勾选"单位"前面复选框，"部门"和"职员"不进行勾选，即不进行辅助核算，在多币种核算处，单击选中"核算所有币种"，单击"确定"。

44.【解析】操作路径：点击工资管理导航，双击"工资表目录"功能，进入"工资表目录"页面，单击选中"1月份工资表"，单击"修改"，出现"修改工资表"对话框，打开"计算公式"窗口，在"计算项目"中选择"扣款合计"，输入扣款合计的公式，单击"新增公式"，在"计算项目"中选择"实发合计"，输入实发合计的公式，单击"下一步"直至完成。

45.【解析】操作路径：点击固定资产导航，双击"固定资产增加"功能，进入"固定资产增加"页面，输入新增固定资产信息，单击"确定"。

综合练习(四)

一、单项选择题(本类题共10小题,每小题1分,共10分。每小题备选答案中,只有一个符合题意的正确答案,多选、错选、不选均不得分。)

1.【答案】C

【解析】运算器主要负责加减乘除运算和逻辑判断,控制器是整个计算机的指挥中心,中央处理器主要由运算器和控制器构成。存储器是指计算机系统中具有记忆能力的部件,用来存放程序和数据。因此选项ABD不正确,选项C正确。

2.【答案】C

【解析】会计报表按输出方式的不同,通常分为:屏幕查询输出、图形输出、磁盘输出、打印输出和网络传送五种类型。

3.【答案】A

【解析】工资管理模块期末处理包括期末结账和工资表的查询、输出。工资分摊属于工资管理模块日常处理。

4.【答案】B

【解析】常见的非规范化操作包括密码与权限管理不当、会计档案保存不当、未按照正常操作规范运行软件等。这些操作可能威胁会计软件的安全运行。

5.【答案】D

【解析】购买通用会计软件的缺点主要有:①软件的针对性不强,通常针对一般用户设计,难以适应企业特殊的业务或流程;②为保证通用性,软件功能设置往往过于复杂,业务流程简单的企业可能感到不易操作。

6.【答案】C

【解析】计算机网络在会计电算化中的广泛应用,使得企业能将分散的数据统一汇总到会计软件中进行集中处理,既提高了数据汇总的速度,又增强了企业集中管控的能力。

7.【答案】D

【解析】会计软件禁止对已记账凭证关键信息的修改。关键信息指日期、金额、科目和操作人。这里的日期包括记账凭证上记载的任何日期,例如制单日期、审核日期、记账日期等;操作人也包括经手记账凭证的所有人员,例如出纳、会计、审核人等。

8.【答案】D

【解析】应收管理模块初始化工作的基础信息设置内容包括设置会计科目、设置对应科目的结算方式、设置账龄区间。票据处理属于其日常模块的工作内容。

9.【答案】C

【解析】广域网是一种远程网,涉及长距离的通信,覆盖范围可以是一个国家或多个国家,甚至整个世界。由于广域网地理上的距离可以超过几千千米,所以信息衰减非常严重,这种网络一般要租用专线,通过接口信息处理协议和线路连接起来,构成网状结构,解决寻径问题。

10.【答案】D

【解析】企业应当促进会计信息系统与业务信息系统的一体化,通过业务的处理直接驱动会计记账,减少人工操作,提高业务与会计数据的一致性,实现企业内部信息资源共享。

二、多项选择题(本类题共10小题,每小题2分,共20分。每小题备选答案中。有两个或两个以上符合题意的正确答案,多选、少选、错选、不选均不得分。)

11.【答案】ABC

【解析】凡是具备相对独立完成会计数据输入、处理和输出功能模块的软件,如账务处理、固定资产核算、工资核算软件等均可视为会计核算软件。

12.【答案】AB

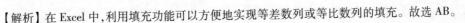

【解析】在 Excel 中,利用填充功能可以方便地实现等差数列或等比数列的填充。故选 AB。

13.【答案】ABD

【解析】应付管理模块中转账处理包括应付冲应付、预付冲应付、应付冲应收。

14.【答案】CD

【解析】系统软件通常包括操作系统、数据库管理系统、支撑软件和语言处理程序等。

15.【答案】ABCD

【解析】出纳管理的主要工作包括:库存现金日记账、银行存款日记账和资金日报表的管理、支票管理、进行银行对账并输出银行存款余额调节表。

16.【答案】ABC

【解析】ERP 系统中的会计信息系统,基本上包含了会计学(财务会计、管理会计)和财务管理的主要内容,包括企业的财务(含会计)、分销(即购销存)以及决策(报表)三个部分。因此,会计电算化包括财务会计、管理会计、财务管理的计算机应用。

17.【答案】ABCD

18.【答案】A,

【解析】固定资产模块期末处理业务包括计提折旧、对账、月末结账和相关数据查询。固定资产减少、固定资产变动属于固定资产管理模块日常处理。

19.【答案】AB,

【解析】选项 D,工作表区是 Excel 文件用于数据处理的专门区域。

20.【答案】ABC

【解析】本题考查有线网传输数据的物理媒体。有线网传输数据,顾名思义就是利用像双绞线、同轴电缆或光纤等实体线路来进行数据的传送。故选 ABC。

三、判断题(本类题共 10 小题,每小题 1 分,共 10 分。对于下列说法,认为正确的选 A,错误的选 B。不答、错答不得分也不扣分。)

21.【答案】正确

【解析】科目设置的内容有科目编码、科目名称、科目类型、余额方向、辅助核算设置。

22.【答案】正确

【解析】编码符号能唯一地确定被标识的对象。

23.【答案】错误

【解析】会计报表中的数据有些可以直接用会计科目的余额或发生额填列,有些不可以直接用会计科目的余额或发生额填列。

24.【答案】错误

【解析】COUNTIF(range,criteria)用于对区域中满足单个指定条件的单元格进行计数。两者的区别是 COUNTIF 函数有条件限制。

25.【答案】正确

【解析】会计数据处理的一般流程包括会计数据收集或录入、会计数据存储、会计数据处理和会计信息报告或输出。

26.【答案】错误

【解析】会计软件是指专门用于会计核算、财务管理的计算机软件、软件系统及其功能模块。

27.【答案】正确

【解析】按击快捷键"Ctrl + F4"关闭的是当前文件,其他处于打开状态的 Excel 文件仍处于打开状态。

28.【答案】错误

【解析】发现记账凭证错误,对未经审核的记账凭证,可由制单人直接进行修改;对已经审核但尚未登记入账的记账凭证,必须先由审核人员取消审核,然后由制单人进行修改;对已经登记入账的记账凭证,不能进行修改,应当采用错账的更正方式。

29.【答案】正确

【解析】在会计软件中,显示器既可以显示用户在系统中输入的各种命令和信息,也可以显示系统生成的各种会计数据和文件。

30.【答案】正确

【解析】工资核算系统在月末结账时,会自动将每月均发生变化的工资项目清零。

四、实务操作题(本类题共 15 小题,每小题 4 分,共 60 分)

31.【解析】操作路径:点击总账管理导航,双击"填制凭证"功能,进入"记账凭证"页面,输入凭证信息(凭证填制日期、凭证摘要、借贷方科目、金额),单击"确定"。

提示:本题会计分录为

借:交易性金融资产　　　　　　　　　　　　　　　　　　　　　　　　8 000

　　贷:银行存款　　　　　　　　　　　　　　　　　　　　　　　　　　　　8 000

32.【解析】操作路径:点击基础编码导航,双击"固定资产变动方式"功能,进入"固定资产变动方式"页面,点击"新增",出现"新增固定资产变动方式"对话框,输入固定资产变动方式的相关信息(注意:凭证类型也需要设置),单击"确定"。

33.【解析】操作路径:点击工资管理导航,双击"工资录入"功能,进入"工资表数据录入"页面,选择指定的工资表,输入题目中要求的信息,关闭。

34.【解析】操作路径:点击基础编码导航,双击"付款方式"功能,进入"付款方式"页面,单击"新增",出现"新增付款方式"对话框,输入付款方式编码、付款方式名称,设置是否进行票据管理,单击"确定"。

35.【解析】操作路径:点击总账管理导航,双击"凭证复核"功能,进入"凭证列表—复核"页面,选择"0003 号"转账凭证,点击"凭证复核",弹出"您需要对本张凭证进行复核吗?"对话框,点击"是"。同理,复核 0001 号收款凭证。

36.【解析】操作路径:分别输入 B36、C36 单元格的计算公式;单击"文件"下的"保存"。

B36 = B18 + B27;C36 = C18 + C27(资产合计 = 流动资产合计 + 非流动资产合计)

37.【解析】操作路径:点击工资管理导航,双击"工资录入"功能,进入"工资表数据录入"页面,选择指定的工资表,找到指定职员,找到病假天数,双击,修改为 2 天,单击"重新计算"。

38.【解析】操作路径:选择要合并的单元格;单击"格式"下的"合并单元格";单击"文件"下的"保存"。

39.【解析】操作路径:点击总账管理导航,双击"填制凭证"功能,进入"记账凭证"页面,输入凭证信息(凭证填制日期、凭证摘要、借贷方科目、金额),单击"确定"。

提示:本题的会计分录为

借:销售费用——其他　　　　　　　　　　　　　　　　　　　　　　　60 000

　　贷:银行存款——工行存款　　　　　　　　　　　　　　　　　　　　　60 000

40.【解析】操作路径:点击总账管理导航,双击"出纳签字"功能,进入"凭证列表—签字"页面,选择需要取消出纳签字的凭证,点击"取消签字",关闭。

41.【解析】操作路径:点击总账管理导航,双击"填制凭证"功能,进入"记账凭证"页面,输入凭证信息(凭证填制日期、凭证摘要、借贷方科目、金额),中国工商银行存款辅助项选择付款方式"转账支票";输入票据号"104";单击"确定"。

提示:本题会计分录为

借:销售费用——展览费　　　　　　　　　　　　　　　　　　　　　　6 000

　　贷:银行存款——工行存款　　　　　　　　　　　　　　　　　　　　　　6 000

42.【解析】操作路径:点击应收管理导航,双击"应收借项"功能,进入"应收单"页面,设置单位为

"铜峰电子有限公司";设置日期为"2015年1月1日";设置应收科目为"1122应收账款",输入本币金额"351 000",输入摘要"应收所欠货款",输入科目"6001主营业务收入",金额"300 000",另起一行,输入摘要信息,输入科目"2221-01-01销项税额"、金额"51 000",单击"确定"。

43.【解析】操作路径:点击基础编码导航,双击"凭证类型"功能,进入"凭证类型"页面,点击"新增",弹出"新增凭证类别"对话框,输入凭证类型编码、名称、格式、借方必有科目,点击"确定"按钮。

44.【解析】操作路径:点击工资管理导航,双击"工资凭证"功能,进入"工资凭证向导"页面,选择"1月份工资表",单击"下一步",选择计算公式,单击"下一步"。设置借、贷方科目,单击"下一步",完成。

45.【解析】操作路径:点击总账管理导航,双击"填制凭证"功能,进入"记账凭证"页面,输入凭证信息(凭证填制日期、凭证摘要、借贷方科目、金额),单击"确定"。

提示:本题会计分录为

借:银行存款——工行存款　　　　　　　　　　　　　　　　　　　　　　10 000

　　贷:库存现金　　　　　　　　　　　　　　　　　　　　　　　　　　　　　　10000

综合练习(五)

一、单项选择题(本类题共10小题,每小题1分,共10分。每小题备选答案中,只有一个 符合题意的正确答案,多选、错选、不选均不得分。)

1.【答案】D

【解析】会计信息系统的网络组成部分包括服务器、客户机和网络连接设备。其中,网络连接设备包括中继器、交换机、集线器和路由器等。

2.【答案】A

【解析】在使用会计软件时,用户应该对账套使用权限进行严格管理,防止数据外泄;用户不能随便让他人使用电脑;在离开电脑时,必须立即退出会计软件,以防止他人偷窥系统数据。

3.【答案】C

【解析】操作系统是指计算机系统中负责支撑应用程序的运行环境以及用户操作环境的系统软件,具有对硬件直接监管、管理各种计算机资源以及提供面向应用程序的服务等功能。

4.【答案】C

【解析】按下"Esc"键或者"Ctrl+Z"组合键(或单击"撤销"按钮),运算结果将恢复为公式表达式的原来内容。

5.【答案】D

6.【答案】A

【解析】编辑区默认位于工具栏的下方,由名称框、取消输入按钮、确认输入按钮、插入函数按钮和编辑栏构成,用来显示当前单元格的名字和当前单元格的内容、取消或确认本次输入的数据或公式。

7.【答案】A

【解析】有借方科目而无贷方科目或有贷方科目而无借方科目的,会计核算软件予以提示并拒绝保存。收款凭证借方科目不是"库存现金"或"银行存款"科目的,会计核算软件予以提示并拒绝保存。付款凭证贷方科目不是"库存现金"或"银行存款"科目的,会计核算软件予以提示并拒绝保存。当转账凭证借贷双方没有"库存现金"或"银行存款"科目时,会计核算软件不会提示。

8.【答案】D

【解析】计算机病毒是指编制者在计算机程序中插入破坏计算机功能或数据,影响计算机使用并且能够自我复制的一组计算机指令或程序代码。

9.【答案】A

【解析】记录单的右上角显示分数,分母代表总的记录数,分子代表当前在第几条记录。

10.【答案】A

【解析】工资管理模块为成本管理模块提供人工费资料。

二、多项选择题(本类题共10小题,每小题2分,,共20分。每小题备选答案中。有两个或两个以上符合题意的正确答案,多选、少选、错选、不选均不得分。)

11.【答案】ABCD

【解析】当计算机感染病毒时,系统会表现出一些异常症状,主要有:① 系统启动时间比平时长,运行速度减慢;② 系统经常无故发生死机现象;③ 系统异常重新启动;④ 计算机存储系统的存储容量异常减少,磁盘访问时间比平时长;⑤ 系统不识别硬盘;⑥ 文件的日期、时间、属性、大小等发生变化;⑦ 打印机等一些外部设备工作异常;⑧ 程序或数据丢失或文件损坏;⑨ 系统的蜂鸣器出现异常响声;⑩ 其他异常现象。

12.【答案】BCD

【解析】固定资产卡片记录每项固定资产的详细信息,一般包括:固定资产编号、名称、类别、规格型号、使用部门、增加方式、使用状况、预计使用年限、残值率、折旧方法、开始使用日期、原值、累计折旧等。市场价格下跌时,固定资产卡片内容没有变化。

13.【答案】ABCD

【解析】固定资产管理模块日常处理包括固定资产增加、固定资产减少、固定资产变动和生成记账凭证。

14.【答案】ABCD

【解析】广义的会计电算化是指与实现会计电算化有关的所有工作,包括会计电算化软件的开发和应用、会计电算化人才的培养、会计电算化的宏观规划、会计电算化的制度建设、会计电算化软件市场的培育与发展等。

15.【答案】ABCD

【解析】Excel中,可以使用"粘贴"命令粘贴复制的内容,还可以使用"选择性粘贴"命令有选择地粘贴剪贴板中的数值、格式、公式、批注等内容。

16.【答案】ABCD

【解析】成本管理模块具有与生产模块、供应链模块,以及账务处理、工资管理、固定资产管理和存货核算等模块进行数据传递的功能。

17.【答案】ABC

【解析】XBRL的主要作用在于将财务和商业数据电子化,促进了财务和商业信息的显示、分析和传递。

18.【答案】ABCD

【解析】本题考核销售与应收系统相关知识点,ABCD均正确。

19.【答案】ABCD

【解析】会计信息系统与业务信息系统的一体化的优势包括:① 提高效率;② 增进会计核算的及时性;③ 避免人工差错;④ 防止舞弊;⑤ 提高系统间数据一致性。

20.【答案】AC

【解析】系统初始化是系统首次使用时,根据企业的实际情况进行参数设置,并录入基础档案与初始数据的过程。系统初始化的内容包括系统级初始化和模块级初始化。

三、判断题(本类题共10小题,每小题1分,共10分。对于下列说法,认为正确的选A,错误的选B。不答、错答不得分也不扣分。)

21.【答案】正确

【解析】黑客通常采用的密码破解攻击方式有字典攻击、假登录程序、密码探测程序等,主要目的是获取系统或用户的口令文件。

22.【答案】正确

23. 【答案】正确
【解析】审核但未记账的凭证,如果发现错误需要修改的,应由审核人员取消审核后,再由制单人进行修改。

24. 【答案】错误
【解析】账务系统的核销方式分为手工核销和自动核销两种,其主要包括用来进行往来账款的核销、应收账款的核销、出口单据的核销、进口单据的核销等多方面的内容。由此可知,核销不仅仅只是针对发票和收款单的处理,核销的范围广泛,既有发票也有收据,既有收款单也有付款单。

25. 【答案】正确

26. 【答案】正确

27. 【答案】错误
【解析】单元格处于编辑状态时,单元格也将显示等号"="及其运算体和运算符。与其所对应编辑栏显示内容完全一致。

28. 【答案】正确
【解析】服务器,也称伺服器,是网络环境中的高性能计算机,它侦听网络上的其他计算机(客户机)提交的服务请求,并提供相应的服务,控制客户端计算机对网络资源的访问,并能存储、处理网络上大部分的会计数据和信息。

29. 【答案】错误
【解析】工资变动数据录入是指输入某个期间内工资项目中相对变动的数据,如奖金、请假扣款等。

30. 【答案】正确
【解析】引用其他工作簿的数据,格式为:[工作簿名称]工作表名称!单元格地址。

四、实务操作题(本类题共15小题,每小题4分,共60分。)

31. 【解析】操作路径:点击基础编码导航,双击"币种汇率"功能,进入"币种汇率"页面,单击"新增",出现"新增币种"对话框,输入新增币种的编码、名称,设置币种小数位、折算方式,单击"确定"。

32. 【解析】操作路径:点击总账管理导航,双击"填制凭证"功能,进入"记账凭证"页面,输入凭证信息(凭证填制日期、凭证摘要、借贷方科目、金额),单击"确定"。
提示:本题会计分录为

借:生产成本——A产品   30 000
      ——B产品   40 000
    制造费用——工资   6 000
    管理费用——工资   10 000
  贷:应付职工薪酬——工资   86 000

33. 【解析】操作路径:分别输入E37、F37单元格的计算公式,单击"文件"下的"保存"。

34. 【解析】操作路径:点击固定资产导航,双击"固定资产增加"功能,进入"固定资产增加"页面,输入新增固定资产信息,单击"确定"。

35. 【解析】操作路径:点击科目期初导航,双击"科目期初"功能,进入"期初设置—科目期初"页面。双击"可供出售金融资产"科目,出现"期初科目明细"对话框,输入"可供出售金融资产"科目的金额,单击"确定"。

36. 【解析】操作路径:点击总账管理导航,双击"填制凭证"功能,进入"记账凭证"页面,输入凭证信息(凭证填制日期、凭证摘要、借贷方科目、金额),中国工商银行存款辅助项选择付款方式:转账支票,输入票据号:101,单击"确定"。
提示:本题会计分录为

借:应交税费——未交增值税   68 000
  贷:银行存款——工行存款   68 000

37.【解析】单击"文件"下的"新建",单击"文件"下的"保存",输入新建报表的表名,单击"保存"。
38.【解析】操作路径:点击总账管理导航,双击"填制凭证"功能,进入"记账凭证"页面,输入凭证信息(凭证填制日期、凭证摘要、借贷方科目、金额),单击"确定"。

提示:本题会计分录为
借:所得税费用　　　　　　　　　　　　　　　　　　　　　　　　　80 000
　　贷:应交税费——应交所得税　　　　　　　　　　　　　　　　　　80 000

39.【解析】操作路径:点击基础编码导航,双击"会计科目"功能,进入"会计科目"页面,单击"新增",出现"新增会计科目"对话框,输入新增会计科目的科目编码、科目名称,辅助核算处单击勾选"单位"前面的复选框,单击"确定"。
40.【解析】操作路径:点击基础编码导航,双击"职员",进入"职员"页面,点击"新增",弹出"新增职员"对话框,输入相关信息(职员编码、职员姓名、职员性别、职员所属部门、职员类型),单击"确定"。
41.【解析】操作路径:点击基础编码导航,双击"付款条件"功能,进入"付款条件"页面,单击"新增",出现"新增付款条件"对话框,输入付款条件编码、付款条件名称,设置到期日期(天),单击"确定"。
42.【解析】操作路径:点击基础编码导航,双击"凭证类型"功能,进入"凭证类型"页面,点击"新增"弹出"新增凭证类别"对话框,输入凭证类型编码、名称,点击"确定"按钮。
43.【解析】操作路径:点击系统菜单下的新建账套功能,出现"新建账套"对话框,输入新建账套名称"爱丁数码有限公司",选择账套采用的会计准则"企业会计准则",设置生成预设会计科目,设置本账套使用的本位币编码:USD,设置本账套使用的本位币名称:美元,设置账套的启用日期"2015-01-01"。
44.【解析】操作路径:点击工资管理导航,双击"工资录入"功能,进入"工资表数据录入"页面,选择"管理人员"工资表,输入刘洋、郑兰的基本工资,关闭。
45.【解析】操作路径:点击基础编码导航,双击"固定资产变动方式"功能,进入"固定资产变动方式"页面,点击"新增"。出现"新增固定资产变动方式"对话框,输入固定资产变动方式的相关信息(注意:凭证类型也需要设置),单击"确定"。

综合练习(六)

一、单项选择题(本类题共10小题,每小题1分,共10分。每小题备选答案中,只有一个 符合题意的正确答案,多选、错选、不选均不得分。)

1.【答案】D

【解析】字体属于"单元格格式"对话框中字体标签的选项。

2.【答案】B

【解析】广义的会计电算化是指与实现电算化有关的所有工作,包括会计软件的开发应用及其软件市场的培育、会计电算化人才的培训、会计电算化的宏观规划和管理、会计电算化制度建设等。

3.【答案】A

4.【答案】C

【解析】sum(numberl,number2,…)用于计算单元格区域中所有数值的和,如求某工作表中A1、B1、C1单元格的数据之和,则计算公式是:sum(A1:C1)。

5.【答案】B

【解析】计算机病毒是指编制者在计算机程序中插入的破坏计算机功能或数据,影响计算机使用并且能够自我复制的一组计算机指令或程序代码。

6.【答案】B

【解析】某企业的工资的项目"基本工资"的宽度是8,小数位是2,2位小数各占1个字符,小数点占1个字符,则该企业工资的整数部分最多有5位。

7.【答案】C

【解析】应收管理模块初始化工作包括：①控制参数的设置(基本信息的设置、坏账处理方式设置、应收账款核销方式设置、规则选项)；②基础信息设置(设置会计科目、设置对应科目的结算方式、设置账龄区间)；③期初余额录入。

8.【答案】B

【解析】计算机主要的应用领域包括信息处理、过程控制、科学计算、计算机辅助系统、计算机通信和人工控制。其中，信息处理是目前计算机主要的应用领域。会计数据处理是计算机信息处理的典型应用。

9.【答案】A

【解析】固定资产管理模块日常处理内容包括：固定资产增加、减少、固定资产变动、生成记账凭证。计提折旧是固定资产管理模块期末处理的内容。

10.【答案】C

【解析】在填制凭证时，如果是子科目要求录入最后一级科目，也称末级科目。

二、多项选择题(本类题共10小题，每小题2分，共20分。每小题备选答案中。有两个或两个以上符合题意的正确答案，多选、少选、错选、不选均不得分。)

11.【答案】ABCD

【解析】Excel中，在数据清单下，可以执行排序、筛选、分类汇总、插入图表和数据透视表等数据管理和分析功能。

12.【答案】AB

【解析】RIGHT(text,num_chars)用于从文本字符串中最后一个字符开始返回指定个数的字符。text是包含要提取字符的文本字符串；num_chats指定要由RIGHT提取的字符的数量，必须大于零，如省则默认为1。

13.【答案】AB

【解析】应付管理模块一般提供按单据、按存货等核销方式。

14.【答案】ABCD

【解析】在Excel中，数据的手工输入包括：①在单个单元格中录入数据；②在单张工作表的多个单元格中快速录入完全相同的数据；③在单张工作表的多个单元格中快速录入部分相同的数据；④在工作组的一个单元格或多个单元格中快速录入相同的数据。

15.【答案】ABCD

【解析】浏览器/服务器结构模式下，服务器是实现会计软件功能的核心部分，客户机上只需安装一个浏览器，用户通过浏览器向分布在网络上的服务器发出请求，服务器对浏览器的请求进行处理，将用户所需信息返回到浏览器。

16.【答案】BCD

【解析】备份的目的是为了在软件、计算机出现故障或人为操作失误使数据丢失时进行数据的恢复。

17.【答案】CD

【解析】计算机的存储设备按照在计算机结构中所处位置不同，包括内存储器(主存储器)和外存储器(辅助存储器)。

18.【答案】ABCD

【解析】辅助核算一般包括部门核算、个人往来核算、客户往来核算、供应商往来核算、项目核算等。

19.【答案】AD

【解析】硬盘存储器简称硬盘，通常固定在主机箱中。硬盘的容量较大，目前微机的硬盘容量一般都在上百GB，且读写速度较快。硬盘防尘性能良好、可靠性高，对环境要求不高。但在硬盘工作时，要注意不要振动，以免造成损坏。

20.【答案】BCD

【解析】人工检测病毒，费时费力，但可以剖析新病毒，检测识别未知病毒，可以检测一些自动检测工具不认识的新病毒。这种方法比较复杂.需要检测者熟悉机器指令和操作系统,因而不易普及。BCD 项属于自动检测的特点。

三、判断题(本类题共 10 小题,每小题 1 分,共 10 分。对于下列说法,认为正确的选 A,错误的选 B。不答、错答不得分也不扣分。)

21.【答案】正确

【解析】会计软件是指专门用于会计核算、财务管理的计算机软件、软件系统或者其功能模块,包括一组指挥计算机进行会计核算与管理工作的程序、存储数据以及有关资料。

22.【答案】正确

【解析】会计电算化缩短了会计数据处理的周期,提高了会计数据处理的时效性。

23.【答案】错误

【解析】在 Excel 2003 中,状态栏默认位于窗口底部,可以显示各种状态信息,如单元格模式、功能键的开关状态等。注意,单元格格式与单元格模式是不同的。

24.【答案】正确

25.【答案】正确

【解析】会计电算化提高了会计核算的水平和质量。

26.【解析】发现已经输入并审核通过或者已登账的记账凭证有错误的,可以采用红字凭证冲销法或者补充凭证法进行更正;记账凭证输入时,红字可用"－"号或其他标记表示。

27.【答案】错误

【解析】多用户结构下,各终端可同时输入数据。

28.【答案】正确

【解析】支撑软件是指为配合应用软件有效运行而使用的工具软件,它是软件系统的一个重要组成部分。

29.【答案】错误

【解析】计算机采用二进制的形式存储信息,二进制使用两种数码表示:0 和 1,一位二进制称为一个比特(bit),它是计算机里最小的数据单位。八位二进制组成一个字节(byte),字节是计算机中的最基本单位。由于 1KB = 1024B,所以 1KB = 1024×8bit = 1024x8bit。

30.【答案】错误

【解析】财务部分以总账模块为核心,同时包括应收模块、应付模块等。

四、实务操作题(本类题共 15 小题,每小题 4 分,共 60 分)

31.【解析】操作路径:点击总账管理导航,双击"记账"功能,进入"凭证列表—记账"页面,选择 0001 号收款凭证,点击"记账",弹出""您需要对本张凭证进行记账吗?"对话框,点击"是"。同理,将 0003 号付款凭证记账。

32.【解析】操作路径:点击基础编码导航,双击"职员类型"功能,进入"职员类型"页面,单击"新增",出现"新增职员类型"对话框,输入职员类型编码、职员类型名称,单击"确定"。

33.【解析】操作路径:点击应付管理导航,双击"应付贷项"功能,进入"应付单"页面,设置单位为"同方信息有限公司",设置日期为"2015 年 1 月 18 日",设置应付科目为"2202 应付账款",输入本币金额"117 000",输入摘要信息,输入科目"1403—03 C 材料",金额"100 000",另起一行,输入摘要信息,输入科目"2221－01－02 进项税额"、金额"17 000",单击"确定"。

34.【解析】操作路径:点击应付管理导航,双击"应付贷项"功能,进入"应付单"页面,设置单位为"浪潮实业有限公司",设置日期为"2015 年 1 月 23 日",设置应付科目为"2202 应付账款",输入本币金额"50 000",输入摘要信息,输入科目"1403－01 甲材料"、金额"50 000",单击"确定"。

35.【解析】操作路径:点击系统菜单下的新建账套功能,出现"新建账套"对话框,输入新建账套名称"超讯科技有限公司",选择账套采用的会计准则"企业会计准则",设置生成预设会计科目,设置本位币编码：USD，设置本账套使用的本位币：美元，设置账套的启用日期"2015-01-01"。

36.【解析】操作路径：点击工资管理导航，双击"工资录入"功能，进入"工资表数据录入"页面，选择指定的工资表，找到指定职员，找到事假天数，修改为1天，找到"基本工资"，修改为"3600"，单击"重新计算"。

37.【解析】操作路径：点击基础编码导航，双击"地区"功能，进入"地区"页面，点击"新增"，弹出"新增地区"对话框，输入地区编码、地区名称，单击"确定"。

38.【解析】操作路径：点击总账管理导航，双击"记账"功能，进入"凭证列表—记账"页面，选择需要记账的凭证，点击"记账"，弹出"您需要对本张凭证进行记账吗？"对话框，点击"是"。

39.【解析】操作路径：点击固定资产导航，双击"计提折旧"功能，进入"计提折旧"页面，设置需要累计折旧的科目，指定凭证类型和凭证摘要，完成累计折旧，生成记账凭证。

40.【解析】操作路径：点击基础编码导航，双击"凭证类型"功能，进入"凭证类型"页面，点击"新增"，弹出"新增凭证类别"对话框，输入凭证类型编码、名称、格式、贷方必有科目，点击"确定"按钮。

41.【解析】操作路径：点击基础编码导航，双击"付款条件"功能，进入"付款条件"页面。单击"新增"，出现"新增付款条件"对话框，输入付款条件编码、付款条件名称，设置到期日期（天），单击"确定"。

42.【解析】操作路径：点击固定资产管理导航，双击"固定资产类别"功能，进入"固定资产类别"页面，点击"新增"，弹出"新增固定资产类别"对话框，输入固定资产类别信息，点击"确定"按钮。

43.【解析】操作路径：点击总账管理导航，双击"填制凭证"功能，进入"记账凭证"页面，输入凭证信息（凭证填制日期、凭证摘要、借贷方科目、金额），选择管理费用的辅助项选择"办公室"的"李明"，单击"确定"。

提示：本题会计分录为

借：管理费用　　　　　　　　　　　　　　　　　　　　　　　　8 000
　　贷：其他应收款　　　　　　　　　　　　　　　　　　　　　　6 000
　　　　库存现金　　　　　　　　　　　　　　　　　　　　　　　2 000

44.【解析】操作路径：点击工资管理导航，双击"工资表目录"功能，进入"工资表目录"页面，单击选中"1月份工资表"，单击"修改"，出现"修改工资表"对话框，打开"指定发放项目窗口"，单击"新增"，输入新增工资项目的信息。在"可选择的工资项目"中选择新增的工资项目，单击">"，将其添加到"本次发放的工资项目"中，单击"下一步"直至完成。

45.【解析】操作路径：点击应收管理导航，双击"应收凭证"功能，进入"应收凭证"页面，勾选要生成凭证的单据，设置凭证类别和凭证摘要，单击"完成"，生成凭证，查看生成的凭证。